Design of
EDUCATION
Informationization Cases

教育信息化
案 例 设 计

刘世清　王会军　王燕红　◎编著

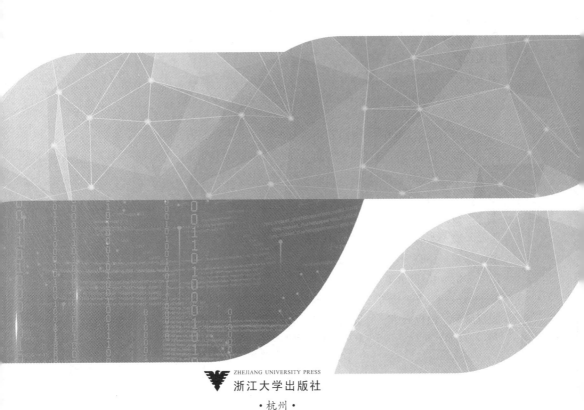

ZHEJIANG UNIVERSITY PRESS
浙江大学出版社
·杭州·

图书在版编目（CIP）数据

教育信息化案例设计 / 刘世清，王会军，王燕红编
著. -- 杭州：浙江大学出版社，2024.1
ISBN 978-7-308-24183-0

Ⅰ．①教… Ⅱ．①刘… ②王… ③王… Ⅲ．①教育工
作－信息化－研究－中国 Ⅳ．①G43

中国国家版本馆CIP数据核字(2023)第170101号

教育信息化案例设计
JIAOYU XINXIHUA ANLI SHEJI

刘世清　　王会军　　王燕红　编著

责任编辑　陈丽勋
责任校对　秦　瑕
封面设计　春天书装
出版发行　浙江大学出版社
　　　　　（杭州市天目山路148号　　邮政编码　310007）
　　　　　（网址：http://www.zjupress.com）
排　　版　杭州林智广告有限公司
印　　刷　杭州钱江彩色印务有限公司
开　　本　710mm×1000mm　1/16
印　　张　14
字　　数　255千
版 印 次　2024年1月第1版　2024年1月第1次印刷
书　　号　ISBN 978-7-308-24183-0
定　　价　46.00元

序　言

FOREWORD

　　从 2019 年开始，按照《浙江省财政厅浙江省教育厅关于进一步支持教育信息化应用工作的通知》《浙江省财政厅浙江省教育厅关于公布 2019 年教育信息化优秀方案的通知》《浙江省财政厅浙江省教育厅关于公布 2020 年教育信息化优秀方案的通知》《浙江省教育技术中心关于公布 2021 年度教育信息化优秀工作方案的通知》等文件要求，浙江省在 2019—2021 年共投入 3 亿元财政转移支付经费，带动地方财政投入超过 10 亿元。经过三年的建设，教育信息化环境得到夯实，教育信息化应用效果初显，获得了比较丰富的实践成果，涌现出一批教育信息化应用的特色案例，为教育信息化赋能基础教育，实现基础教育共同富裕探索了一条实践路径。

　　本书共由七章构成：第一、第二章由王燕红和刘世清负责撰写，主要阐述了教育信息化案例的设计原理、理论基础、设计原则和方法等内容。第三～七章由刘世清、王会军、厉晓华修改审定，选编了数治类教育信息化案例、教育教学类教育信息化案例、精准教学类教育信息化案例、课后服务类教育信息化案例和综合类教育信息化案例等 25 个特色案例。这些案例是 2019—2021 年承担教育信息化转移支付项目的 30 个县、区、市所属学校，在教育信息化应用过程、场景中形成的信息化教育应用典型案例，可以为教育信息化案例编写提供参考和示范，也可以作为教育信息化案例编写的培训教材，希望读者在阅读过程中结合教育教学实践进行创新应用和特色发展，形成更实用、更有效、更有特色的示范性案例。

　　感谢浙江省政府、省财政厅和省教育厅通过财政转移支付项目，使得 30 个县、区、市的教育信息化环境建设跨上新台阶，逐步实现城乡均衡发展，也为广大师生利用信息技术进行高效教学提供了条件。同时，得益于浙江省教育技术中心的充分信任，浙江省教育信息化评价与应用研究中心连续三年承担教育信息化转移支付项目的评估验收工作（"2020 年浙江省教育信息化应用专项补助评价"，项目编号 2020-XXHGC-6-02；"2021 年浙江省教育信息化转移支付项目实施情况评价"，项目编号 2021-XXHGC-5-2；"2022 年浙江省教育信息化转移支付项目实施情况评价"，项目编号 2022-XXHGC-5B-2）。在浙江省教育技术中心领导的指导和帮助下，三年的评价工作有序开展，评价方法日趋完善。对 30 个县、区、市的教育信息化转移支付项目的建设与评估，大大提升了他们的教育信息化水平。

感谢浙江省教育信息化评价与应用研究中心的同人及参与评估工作的浙江省兄弟高校教育技术专家，正是你们的集体智慧，才使得该项目的教育信息化应用成果得以快速、高质量地呈现。还要感谢浙江大学出版社的陈丽勋编辑多年来对我们的支持与厚爱，有您一丝不苟的工作和无私的帮助，才有本书的按时面世，及早地与广大读者见面交流。

感谢 30 个县、区、市分管领导、浙江省教育技术中心的领导和同人的大力支持，为我们的评估工作提供便利，特别是 25 个典型案例的作者提供了丰富而有特色的案例素材。希望浙江省政府能继续以转移支付的形式，不断推进基础教育信息化的均衡发展，通过教育信息化赋能基础教育实现共同富裕。

刘世清

2023 年 9 月

目　录

CONTENTS

第一章 教育信息化案例设计的理论基础

20 世纪 90 年代以来，以网络和计算机为代表的信息技术在我国获得了长足发展，层出不穷的学习资源与学习理念正在教育领域悄然掀起变革，信息技术与教育领域深度耦合逐渐成为教育信息化新阶段的重要目标。2018 年，教育部印发《教育信息化 2.0 行动计划》，其中明确提出各地要始终坚持试点先行、典型引领的推进机制，有针对性地开展教育信息化区域综合试点和各类专项试点，总结提炼先进经验与典型模式。2022 年版《义务教育信息科技课程标准》进一步明确了义务教育阶段信息科技课程的性质，提出信息科技是现代科学技术领域的重要部分，主要研究以数字形式表达的信息及其应用中的科学原理、思维方法、处理过程和工程实现。当代高速发展的信息科技对全球经济、社会和文化发展起着越来越重要的作用。

对教育信息化进行探索，并逐步打造创新的、特色的、优秀的案例，不仅能为教育信息化拓深提供可参考的实践方案，更为教育信息化创新打下坚实的理论基础。本章将以教育信息化为起点，探讨教育信息化案例的起源与发展方向，以及案例设计的原理性思考，并在此基础上对教育信息化案例设计的理论基础进行梳理与探析，进而探索教育信息化案例成果的臻善与相关研究理论的优足，以期推动教育信息化的发展进程。

第一节　案例及案例设计原理

一、案例的起源

案例是人们在生产生活当中所经历的典型的富有多种意义的事件陈述，是人们传递有针对性的教育意义的有效载体，对于人们的学习、研究、生活借鉴等具有重要意义。也有学者认为，案例是对一个实际情境的描述，这个情境既包含一个或多个疑难问题，同时也可能包含解决问题的方法。[1] 为了更有效地

---

① 郑金洲. 案例教学指南[M]. 上海：华东师范大学出版社，2000：1.

进行说服、思考、教育，突出案例的工具性，人们在生产生活的各项研究中针对案例进行了呈现特征、书写格式、标准样式等方面的规范。

案例有"个例""实例""个案"等不同的表达，"案例"一词最初被用作医学界对个别病案的统称，这样一来，病情诊断、处理等方面的记录被归整在一起以便后续工作时查找。案例自身带有典型性和规律性，给我们留下了可以进行深入研究和分析的空间。案例分析法在诸如心理学、管理学、教育学、医学、经济学等学科中普遍适用并行之有效，对应用型学科的长足发展作出的贡献是有目共睹的。总之，案例在不同领域中均有所涉及，研究者们对案例也形成了多元化的认识。

从工业时代向信息时代转变的历程衍生出许多具有时代气息的特征，反映在教育领域时，将会引发一系列的连锁反应。对教育信息化的应用成果或现象进行收集与分析，撰写成的文字被统称为教育信息化案例，即在教育领域与信息技术融合的过程中，对涉及的某一项事物的发展历史、发展特点、运行机制等进行梳理与说明，为以后的相似融合情境提供借鉴与经验。教育信息化案例的设计与研究，是对信息技术在教育领域的实践探索进行智慧的提炼，也是信息时代教育工作者产生变革自驱力的培养方式，更是教育应对信息时代提出挑战的重要举措之一。

如今在网络上输入"教育信息化案例"词条，会出现上千万条结果。教育信息化案例逐渐成为热门研究话题离不开教育信息化的发展。早在1993年，美国提出建设国家信息基础设施的计划，将IT（信息技术）引入教育领域，以迎接21世纪教育变革的挑战，此为教育信息化萌芽[1]。在此之后，许多国家相继出台有关本国教育信息的计划，教育信息化浪潮逐步席卷全球。1997年，佛罗里达州虚拟学校成立，作为该州两个地区学校之间的合作项目，该校成立之初只有77名注册学生。而在2003—2004年，注册学生超过2万名。持各种目的的学生都加入虚拟学校中来，包括获取学分、提高自身能力、学习现有学校不能获得的课程等等。这个过程培养了学生通过网络提高自身学习绩效、信息时代自主学习的意识。2004年，美国教育部颁发了《国家教育技术计划》，题为《迈向美国教育的黄金时代》。该文件分析了前期用于教育技术的财政投入，提出美国教育技术发展的重点在于发展虚拟学校，鼓励宽带接入、推进数字化内

---

[1] 南国农.信息化教育概论[M].2版.北京：高等教育出版社，2011：18.

容等①。祝智庭、贺斌在对美国《国家教育技术计划 2010》进行解析时得出之前美国四个教育技术规划的共同点和差异点，共同点是从国家战略高度出发，以当时教育发展问题中出现的重大问题为背景，提出教育信息化的发展需求；差异点是充分考虑信息技术的变化，根据教育信息化不同阶段的新需求和存在的问题提出教育信息化阶段性目标与发展举措②。佛罗里达州虚拟学校作为美国教育信息化进程中的标志性事物，其成功引发了我国学者的分析与研究，将佛罗里达州虚拟学校在发展中所面临的真实问题与衍生的成功经验统整为案例。这样的教育信息化案例带有典型性，研究者们可以得出美国开设学校的课程设置、投资、管理等经验，并对我国虚拟学校的发展现状进行反思。

其他国家对信息技术与教育教学融合创新的探索也从未停歇。英国早在 2000 年就尝试采用"产业大学"的模式，通过网络通信技术，将各类教育资源供给有学习需求的学习者。2008—2010 年，英国连续发布《利用技术：下一代学习（2008—2014）》《下一代学习：2010—2013 执行计划》等行动计划，推动了终身学习型社会的建设进程。澳大利亚构建了涵盖所有中小学和高等院校的教育网络，为该国师生提供了海量的教育资源服务，同时实现了对外国留学生的课程和教学质量的控制。

2015 年，国务院在《政府工作报告》首次提出"互联网+"行动计划。全球范围内快速迭代更新的教育信息化实践与"互联网+"行动计划的广泛实施逐渐催发了中国教育信息化的开端，也引发了教育信息化案例研究的热点，研究者们对教育信息化案例的撰写与分析又反过来为教育信息化发展提供助力。至此，教育信息化发展的方向变得更加明朗起来，相应的创新理念与应用探索案例层出不穷。2018 年，教育部印发《教育信息化 2.0 行动计划》，指出教育信息化 2.0 行动计划将教育信息化作为教育系统性变革的内生变量，支撑引领教育现代化发展，推动教育理念更新、模式变革、体系重构，使我国教育信息化发展水平走在世界前列，发挥全球引领作用，为国际教育信息化发展提供中国智慧和中国方案。教育信息化是现代的教育思想与理论，在现代教育技术的搭载下，使教育资源得以更深入地开发，使教育过程得以更快速地优化，使教育在新的时代背景下进行转型与提升，从而打破传统教育中固有的藩篱，最终促

---

① Office of Educational Technology. Toward a new golden age in American education [R/OL]. [2022-01-23]. http://files.eric.ed.gov/fulltext/ED484046.pdf.

② 祝智庭，贺斌. 解析美国《国家教育技术规划2010》[J]. 中国电化教育，2011（6）：16-21，38.

进人的全面而自由的发展。在我国，教育信息化案例逐渐呈现由初等教育向高等教育发散、由手段工具变革向思想观念变化过渡、由科技发达地区向边缘地区辐射的发展样态。教育信息化案例在发展的进程中深刻地记录与反映着教育信息化的上述内涵。

二、案例设计的逻辑

案例设计是指根据所要达到的研究目标，结合使用者或学习者的实际情况，采集案例的真实来源、创设相应的话语环境和采取应有的写作策略，呈现完整的、规律的、生动的范例。它主要包括案例内容的确定、案例目标的设计、案例的写作风格与准备、案例的反思与总结、案例教学或宣传效果的评价等。在进行案例设计前首先要明确案例设计的逻辑。从已有的研究来看，案例设计主要有以下几个方面的内容需要考虑。

（一）一种学习方式

将案例设计作为一种学习方式是从两个主体的角度出发的。首先是设计者。作为案例设计的主体，设计者在案例设计的过程中进行了确认案例目标、收集案例来源、梳理案例材料、撰写案例、反思与总结等多个环节的操作，不仅加深了设计者本人对案例所述事物研究的自觉，而且锻炼了设计者对研究事物的调度把控能力。因此，案例设计活动本身是设计者进行自我学习的方式之一。其次是学习者，也就是案例设计的使用者。使用者通过浏览案例，找准案例与学习事物之间的"链接点"，聚焦案例所述事物的要素，感受案例传达的所思、所想、所言、所行。案例立体化、形象化地展现的事物多样态、多特征，使使用者能够对相关学习事物有更深刻的把握。

教育信息化案例承载着教育领域中应用信息技术的真实情形，包括真实的成功经验与真实的瓶颈问题；记录着信息技术在与教育领域融合的过程中发展突破的历史过程；印刻着教育领域由于信息技术的加入而变革和新生的痕迹。以教育信息化为主题的案例设计，服务于教育信息化案例研究者的学术创作，服务于教育信息化案例使用者的资源开发，更服务于教育与信息技术融合过程中的事件记录需要。

（二）一种思维变革

案例是对所描述事物的发生、发展和结果全过程的系统化、结构化反思与复盘，需要案例设计者跳出固有思维，从案例使用者的角度出发进行案例设计，正确认识使用者的客观实际，即使用者原有的知识结构、经验背景、心理状态、能力水平，以便对案例的相关方面进行重点描述，达到更优的教学或宣传效果。

面对教育信息化发展的前景与当下发展的局势，设计和撰写教育信息化领域的典型案例不能做一个冷静的"旁观者"。简单地对案例事项发生、发展、结果的过程进行述说与记录，向大众传达信息化与教育如何融合并带来有关效益，这是以前的设计思维。如今设计教育信息化案例需要带着"入境"的变革性思维，即案例对相应的教育与信息化相碰撞后产生的新现象能触发使用者关于变化背后的逻辑性、科学性思考。这样的教育信息化案例设计思维，在给使用者带来过程记录的同时，将会启发使用者关于一项或多项教育与信息技术相融合的多元化思考；在促使教育信息化理论纵深发展的同时，也满足了使用者个性化的借鉴与总结需求。

（三）三条设计主线

案例设计的主线与案例结构的搭建息息相关。明确的设计主线能够帮助案例设计快速成型。一份案例设计可以围绕多条设计主线铺展，比如情景线、时间线、人物线。

一是情景线。根据情景线设计案例，可以将描述事物所置的环境和空间进行不同层次的描述，以突出案例事物的某种特征或变化，从而表达案例主旨。一个典型事物在不同的时间节点上所处的情景自然不同，那么依照情景线铺展案例便很有必要。即使是在同一个情景下，不同的事物也可以作为描述对象出现在案例设计中，从而起到对比的作用。因此，要牢牢抓住情景的变换，同中求异、异中求同，才能巧妙搭建案例设计结构。

二是时间线。根据时间线设计案例，会更有条理性，给人以历史感。案例通常会以一个描述事物为对象展开，贯穿事物发生、发展和完结的最清晰的一条线就是时间线，因此，可以将案例发生的关键事件和事物变化围绕时间顺序展开叙述。

三是人物线。根据人物线设计案例，可以体现案例的递进化与层次化。人是决策的核心，把案例发展过程中的人物决策和人物变化连接成线，形成案例的主线。在进行具体案例设计与写作时，需要基于不同的时间线和情景线所组合的情景记录人物变化的心路历程，使整个案例设计呈现人文关怀特征。

用这三条线可以梳理案例的整体设计框架，情景线是在时间线的基础上对案例所描述事物的各个阶段的情景过程进行分类和整理，也可以是对两种案例所描述事物在同一个阶段中的不同表现进行对比记录；时间线是按照案例所描述事物发展的时间顺序厘清案例的情节顺序；人物线就是在时间线和情景线交织的基础之上，对整个案例的关键转折点和决策点进行梳理，按照人物出现的先后顺序、人物作出决策的重要程度进行案例结构的搭建。简而言之，这三条线主要用来梳理案例的发生、发展、结果，以使案例在有逻辑性、科学性的基础上，增添人文性与文学性。情景、时间、人物三条线，是教育信息化案例设计的前提和基础。

（四）四项写作原则

教育案例设计的四项写作原则是指案例来源真实性、案例站位拔高性、案例语言生动性、案例经验借鉴性。这不仅点明了案例设计者在具体实施设计过程中需要注意的要点，也回答了在繁杂的事物发展过程中，哪些事件和内容可以被写成案例的问题。

一是案例来源真实性。案例的内容来源必须是真实的实践活动，案例设计的原则就是对既有的实践活动进行完整的描述和总结，包括设计者本人对案例所描述事物的实践过程和结果进行反思与提炼，从而形成可以推广和复制的范本与经验性文本。在案例设计的过程中，设计者要同时担任"描述者"和"分析者"的角色，"描述者"要能够及时发现案例所描述事物在发生、发展和结果过程中的相关问题并还原真实的情景，"分析者"要能够对关键问题和案例所描述事物关键变化原因进行合理分析与评价。将真实性作为案例的首要呈现特征，并不意味着案例的描述会随之变得苍白乏味，相反地，教育信息化案例的设计者需要尽可能构造出一个有利于使用者开展自主学习的网络化的学习环境，满足其"探究的需要、获得新的体验的需要、获得认可与欣赏的需要、承担责任的需要"，所创设的情景包括问题情境（提升案例使用者的问题意识与学习主动性）、应用情境（促使使用者能根据情境的变化应用所学知识）。

二是案例站位拔高性。案例的出发点要高一些，在主旨方面要深刻，经得起挖掘，因为案例本身必须包含典型性，不典型的事物无法被设计成案例，案例背后的深刻价值与典型性绑定在一起，才能促使人们经由案例产生经验性复盘与原理性思考。并且，案例站位拔高性也要求案例设计过程中的选题创新。

案例设计的主题需要经得起时间的考验，这样案例的设计成果才能对研究者、使用者等对象产生一定的影响。案例站位的高度体现了设计者本身对案例所描述事物发展方向的思考，展现了事物在实践过程中上下穿透、协调整合的真实状况。

三是案例语言生动性。案例的行文风格并不等同于研究报告、工作总结等，案例设计需要还原真实的情景，面对真实的问题与情景。真人的所言、所行、所思更能够体现案例中事物发展的真实走向，生动的语言使案例使用者的代入感更强，可以帮助使用者在脑中立体呈现案例，增强阅读兴趣。

四是案例经验借鉴性。不能被借鉴的案例是没有价值的，为案例赋予可供借鉴的功能是案例设计的起点和初衷。因此，在进行案例设计时需要深度挖掘案例的价值，需要对非常典型的、有代表性的情景进行勾画。在这个过程中，设计者既要有合并的意识，即抓住案例描述事物在发展进程中的统一性与相似性，以此作为案例描述事物的关键特征，串联不同的发展事件，从而将庞杂的变化事项进行合并，给人以整齐简要的观感。除此之外，设计者还需要有提炼的思维，即将案例描述事物发展进程中的重要转折或变化要点剥离出来，作为案例设计的重点和详细说明之处，给人以重点突出、特色鲜明的观感。

第二节　教育信息化案例设计的理论基础

教育信息化案例设计的科学性是衡量教育信息化发展水平的一个关键指标，要建设与发展高质均衡的基础教育信息化，需要有大量科学的、高质量的教育信息化教学案例，而设计与建设教育信息化案例需要有科学系统的理论基础作为支撑。本节以建构主义学习理论、情境认知学习理论、教育传播理论、现代教学设计理论为基础，探寻教育信息化案例设计的理论基础。

一、建构主义学习理论

建构主义最早是由著名心理学家皮亚杰提出的，建构主义理论源于儿童认知发展的理论。皮亚杰认为，儿童在与周围环境进行作用的过程中，逐步建构对外部世界的认知，从而使自身的认知结构得到完善与发展。儿童与环境的相互作用涉及两个基本过程——"同化"与"顺应"。"同化"就是把外部环境中的知识与信息吸收进来，并逐步结合到儿童已有的认知结构中；而"顺应"则是指当外部环境发生变化时，原有认知结构已经无法"同化"新环境提供的新知识与新信息，儿童只能通过重组或改造自己已有的认知结构，才能接受这些新信息。可见，"同化"是认知结构数量的扩充，而"顺应"则是认知结构性质的改变。儿童的学习过程就是不断通过这种"同化"与"顺应"的交替变换，来接受新知识、新信息，从而实现与周围环境的新平衡。

建构主义知识观认为，知识不是对现实的纯粹客观的反映，它只不过是人们对客观世界的一种解释、假设或假说，将随着人们认识程度的深入而不断地变革、深化，出现新的解释和假设。在具体问题的解决中，需要针对具体问题的情境对原有知识进行再加工和再创造。另外，尽管语言赋予了知识一定的外在形式，并且获得了较为普遍的认同，但这并不意味着学习者对这种知识有同样的理解。因为对知识的理解，还需要个体基于自己的知识经验而建构，还需要取决于特定情境下的学习历程。教育信息化作为教育领域与信息技术融合的时代产物，其发展历程是逐渐递进的，既没有严格的起点，也没有一个确定的终极目标，而在教育信息化案例的学习中，案例本身所提供的知识资源是随着信息技术的革新与时代的进步而逐步发展、变化的，学习者也将通过更多先进的技术手段回顾与审视教育信息化的案例，从而衍生出更多从教育信息化案例本身散发的视角与观念。这也充分印证了建构主义知识观对知识内涵与人们认识规律的思考。

建构主义学习观认为，学习是学习者自己建构知识的过程。学习者不是简单被动地接受信息，而是主动地建构知识的意义。学习是学习者根据自己的经验背景，对外部信息主动地进行选择、加工和处理，对所接收到的信息进行解释，生成个人的意义或者说是自己的理解。个人头脑中已有的知识经验不同，调动的知识经验相异，对所接收到的信息的解释就不同。这说明学习是学习者在与环境相互作用的过程中主动建构内部心理表征的过程。

建构主义教学观认为教学不能无视学习者已有的知识经验，不能简单强硬地从外部对学习者实施知识的"填灌"，而是应该把学习者原有的知识经验作为新知识的生长点，引导学习者从原有的知识经验中，主动建构新的知识经验。教学不是知识的传递，而是知识的处理和转换。教师与学生、学生与学生之间，需要共同针对某些问题进行探索，并在探索的过程中相互交流和质疑。以建构主义为理论基础，是因为信息化发展与学校环境、课程、教师、学生等要素相互关联、相互影响。在信息化环境支撑下，以学习者为中心，转变学习方式，发挥学生的积极性和主动性，使学生成为主动学习者；教师利用信息技术优化课堂，在信息技术和相关教学理论的指导和推动下，逐渐从传统的知识传授者与灌输者的角色向学生的导师、意义建构的促进者、学生学习的辅助者等多种角色进行转变。调研发现，大多数信息化水平较高的学校，在利用信息技术教学方面做得较好，采取翻转课堂等教学模式，更能发挥学生的主动性、积极性，信息化环境、信息设备与技术充分融合并发挥其重要的作用[①]。

帮助实现意义建构是教育信息化案例设计的核心目标，"意义建构"是利用教育信息化案例进行教学活动的重要目标。在利用教育信息化案例进行的教学过程中，我们要善于利用教育信息化案例学习资源，在帮助学习者进行知识"同化"的同时，要重点关注新知识内容的"顺应"，促进学习者实现"意义建构"。所以，教育信息化案例设计的关键在于用什么样的策略与方法来推进学习者认知结构的形成，并顺利实现自我意义建构。此外，在不断丰富学习者的知识，帮助学习者融会贯通的同时，提高学习者运用知识解决实际问题的能力是教育信息化案例设计的目标，也是教育教学活动的目标。

二、情境认知学习理论

早在 1929 年，英国著名数学家与教育家阿尔弗雷德·诺斯·怀特黑德提出学生在学校学习知识的方式导致了"惰性知识"的产生，他认为学生在学校学习到的内容很难解决实际中的问题[②]。此后，对于情境认知理论的研究开始萌芽。情境认知理论出现于 20 世纪 80 年代，由杜威、维果茨基、列昂捷夫等研究专家提出，他们认为个体的心理活动通常在情境中进行，其认知过程是由情境建构、指导和支持的。皮亚杰提出了"认知结构说"，维果茨基提出了"文化历史发展理论"；斯滕伯格和卡茨等人将主动性作为建构认知结构的主要因素；很多研究使得建构主义理论得到完善和发展。而情境认知理论则是在建构主义之上的新发展，以深刻广泛的理论基础超越、深化了传统的心理学理论，完善了政治学、社会学、教育学等相关领域的理论知识。情境认知学习理论由美国心理学家马斯洛和罗杰斯建立并发展，是当代西方学习理论领域研究的热点，这一理论强调个体心理常常产生于构成、指导和支持认知过程的环境之中，而认知过程的本质是由情境决定的，情境是一切认知活动的基础。心理与环境的互

---

① 高菁. 宁夏中小学教育信息化应用示范校典型应用案例分析[D]. 银川：宁夏大学，2018.

② WHITEHEAD A N. The aims of education and other essays [M]. New York: Macmillan, 1929: 42.

动不仅发生在高度机械的任务当中，而且也发生在一些日常任务之中，他们强调知识的学习应建构在真实的活动中，同时强调学习活动与文化的结合。

希拉里·麦克莱伦在其论文《情境学习多种观点》中提出情境学习由以下要素构成：故事、反思、认知学徒制、合作、辅导、多种实践、清晰表述学习技能与技术等①。总的来说可以归纳为三点：一是情境决定认知本质，情境是所有认知活动的前提；二是情境的实践活动是知识，是个体和环境通过交互构建的一种状态，是人类通过协调自己的行为、状态来适应外界环境变化发展的过程；三是对自然界的认知是体现人类认知能力和局限的前提。因此，情境认知学习理论是教育信息化案例设计的理论基础，教育信息化高速发展所带来的即时性、智能性为学校的教学带来更多真实的、接近现实世界的情境，从而实现建立在有感染力的真实事件或真实问题基础上的情境教学。教育信息化借助现代信息技术，通过计算机等设备模拟真实的历史生活场景或者现实生活场景，在这样的情境中，知识、学习是与情境化的活动联系在一起的，学生可以在真实任务情境中尝试着发现问题、分析问题、解决问题，培养主动建构知识的能力。

教育信息化案例可以极大提高模拟场景的丰富性，使得学生在处理不同情境的问题时，能够通过行动中的反思建构设计和解决问题的新方法，进一步提升反思力。整个学习过程是学生与情境互动的历程、学生在真实活动中探索的过程、学生与教师共同参与的社会化历程。

教育信息化案例能够创设合适的教学情境，合适的学习情境有利于学习者对所学内容的意义建构。而教育信息化案例具有形象性、故事性和整体性等特征，可以根据学习内容的特性，创设出学习内容需要的并与其一致的相关情境。学习者在这样的情境中学习，能更深刻地理解学习内容，领会概念之间的相互关系，从而促进意义建构。所以，在情境认知学习理论指导下的教育信息化案例设计，不仅要考虑教学目标和教学内容，还要考虑有利于学习者意义建构的情境创设问题，把情境创设看作教育信息化案例设计的最重要内容。

三、教育传播理论

传播理论是研究人类一切传播行为和传播过程发生、发展的规律，研究传

---

① 转引自：王文静. 基于情境认知与学习的教学模式研究[D]. 上海：华东师范大学，2002.

播与人和社会的关系的科学。理解和认识复杂的传播现象，往往需要用简约化的形式来表达传播过程、传播活动的本质，传播学家常常用传播模式来刻画与描述传播现象，传播理论中与教学案例相关的传播模式主要有以下几种。

香农和魏弗认为，传播过程由七个要素组成，包括信源、编码、信道、译码、信宿、噪声和反馈。这是一个带有反馈的双向传播模式，可用图 1-1 来形象地表达。

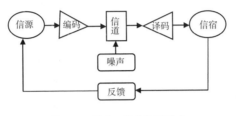

图 1-1　香农-魏弗传播模式

施拉姆提出了一系列解释不同传播现象的传播模式，其中与教学案例相关的共同经验模式如图 1-2 所示。

图 1-2　施拉姆模式之一

教育传播是由教育者按照一定的目的和要求，选定合适的信息和内容，通过有效的媒体通道，把知识、技能、思想、观念等传送给特定的教育对象的一种活动。它是教育者和受教育者之间的信息交流活动[①]。以传播理论为基础建立起来的教育传播理论主要包括教育传播过程和模式的理论、教育传播信息理论、教育传播符号理论、教育传播媒体理论及教育传播效果理论。教育传播媒体理论认为，媒体是信息的载体。教育传播在两个有机体，即信息发送者（教师）和信息接收者（学生）之间进行。教师和学生之间是有空间距离的，这就需要用某种方法把他们联结在一起。师生之间的联结物称作媒体或通道，教学案例也是教育传播中的一种媒体。教学媒体的发展会引起教育的变革，在教育信息化实践中运用的教学媒体常常是呈现力强的，有效地向学生呈现事物信息；重

---

① 南国农，李运林主编.教育传播学[M].北京：高等教育出版社，2005：6.

现力强的，可以将信息按照学生的学习需求重现；接触面广的，不局限于有限的教室，也能将信息传送至其他终端；可控性高的，适用于个别化学习；参与性强的，学生在情感上和行为上都能积极参与教学活动。根据教育信息化过程中不同教学媒体的教学特性和学生学习的情况，在教育传播媒体理论的指导下，选择合适的媒体，促进各种媒体的组合运用，才能取得优良的教育传播效果与教学效果。

传播理论和教育传播理论对教育信息化案例的编制实践具有多方面的支持与指导，主要表现在以下几个方面：一是传播理论揭示了传播过程是由传播者、接受者、媒体、信息和干扰等要素组成的，教育信息化案例也是由若干要素组成的。二是教育信息化案例及其教学也是一种传播现象、传播过程，分析和研究教育信息化案例问题，就是围绕这些要素及其相关关系展开的。所以，传播理论对教育信息化案例的研究和实践具有直接的指导作用。

四、现代教学设计理论

教学设计理论演变至今，拓展了教学设计领域的理论内容，开发了新的教学方法，形成了多元的理论方案。不同时期的教学设计理论为教学设计和教学实践提供了理论基础，它们都是教学设计者对科学性不断追求的结果。每一种教学设计理论都对教学设计和学习理论有着重要影响。目前比较权威的教学设计概念的定义是："教学设计是运用系统方法分析教学问题和确定教学目标，建立解决教学问题的策略方案、试行解决方案、评价试行结果和对方案进行修改的过程。"[①] 该定义与张祖忻、史密斯、雷根、皮连生等专家所提出教学设计概念的观点大体一致，他们都强调教学设计是一个系统化的过程，包括如何编写目标、如何进行任务分析、如何选择教学策略与教学媒体、如何编制标准参照测试等。系统是由相互作用和相互依赖的若干组成部分结合而成的具有特定功能的有机整体。世界上一切事物、现象和过程都是有机整体，它们自成系统，又互为系统。任何一个系统都和周围的环境组成一个更大的系统，而它的各个组成部分都可以被看作子系统。系统化的教学设计是运用系统论的观点与方法，分析教学中的问题与需求，从而找出最佳解决方案的一种理论与方法。这些教学系统设计的系统化操作程序使教学系统设计理论和方法得到了广泛应用。

---

① 何克抗，林君芬，张文兰.教学系统设计[M].北京：高等教育出版社，2006：2.

　　教育信息化的迅速普及彰显了教学设计理论从以往重视设计过程的形式逐渐过渡为探讨教学系统中的问题模式的趋势。现代教学设计理论反对以教师为中心的教学，主张学习的多样性和复杂性，强调设计有效的学习环境以鼓励学习者通过真实的学习体验及互动构建意义，同时为教师提供解决教学问题的分析思路与具体方法；不仅重视教学设计模型的开发和相关理论的研究，更加重视教学设计理论应用于具体教学实践、教学设计及教育发展的指导作用。根据教学中的问题范围、大小的不同，教学设计也相应具有不同的层次，也就是说，教学设计的基本原理与方法可用于设计不同层次的教学系统。

　　因此，以教育信息化案例设计成果为基础所进行的目标教学活动安排可以根据案例使用者的学习情况、案例所描述事物或问题的范围、整个教育信息化案例教学所要达成的教学目标等进行相应的调整，以达到教育或宣传效果的最优化。总之，系统化的教学设计理论在赋予教育信息化案例设计程序性与科学性的基础上，还为教育信息化案例的设计与使用增添了一些灵活性，现代教学设计理论与教育信息化案例研究密不可分。

第二章 教育信息化案例设计的原则与方法

第一节　教育信息化案例的概述

一、教育信息化案例的内涵

随着时代的发展，信息技术已渗透到社会生活的方方面面。近年来，以人工智能、大数据、虚拟现实为代表的信息技术呈现裂变式演进。全面推动技术与教育的融合创新、技术赋能教育便是二者深度融合的表现，信息化已然成为未来教育教学的趋势。教育信息化是指在教育领域全面深入地运用信息技术促进教育改革与发展的过程[①]。培育和发展运用现代信息技术的新的教育能力，培养适应信息社会要求的创新型人才，可加速实现教育现代化的历史进程。托尔曾说过："一个出色的案例，是教师与学生就某一具体事实相互作用的工具；一个出色的案例，是以实际生活情景中肯定会出现的事实为基础所展开的课堂讨论。它是进行学术探讨的支撑点；它是关于某种复杂情景的记录；它一般是在让学生理解这个情景之前，首先将其分解成若干成分，然后再将其整合在一起。"[②] 不难发现，案例是对某个实际情境的描述，它不是抽象的、虚拟的，而是真实存在的无法代替的事实，但并非所有真实发生的情境都能成为案例。案例至少包含以下几个特征：案例是一个故事并包括一些戏剧性冲突；案例叙述要具体、特殊；置于一个特定的时空框架，包含具体的时间、地点、人物等；反映事件发生的特定的背景[③]。简言之，案例是指包含问题或疑难情境在内的真实发生的典型性事件。

由上所述，教育信息化案例是指信息技术应用于教育领域的真实的典型性事件，如信息技术在课堂教学、学校管理、教师发展、班级管理、学习方式、教学评价等教育领域内生动的实践案例，不仅能为其他地区将信息技术应用于

---

① 杨为民，杨改学. 从信息化教育的定义解读信息技术与课程整合[J]. 现代教育技术，2006，16（3）：17.

② TOWL A R, ADMINISTRATIVE STAFF COLLEGE OF INDIA. ASCI case collection [M]. New York: Asia Pub. House, 1963: 293.

③ 郑金洲. 案例教学指南[M]. 上海：华东师范大学出版社，2000：4.

教育提供可行的样本和经验借鉴，同时也能为教育领域高效管理、精准教学、泛在学习等创造条件，赋能教育优质均衡发展，推动教育现代化和教育强国建设。

二、教育信息化案例的价值与意义

不同于教育案例，教育信息化案例侧重于信息技术在教育领域的应用与拓展，是教育适应信息化社会发展的必然趋势，充分彰显了信息技术在教育管理、教育教学、资源共享等方面的生动实践。大力倡导教育信息化案例研究，具有重要的理论价值和现实意义。

（一）教育信息化案例有助于提升教师的专业水平

随着信息技术在教育领域的广泛深入应用，智能化的教学环境、开放式的教育公共服务体系、数字原生代的受教育者等，都对传统的教师角色提出了新的挑战和更高的要求。为促进信息技术与教学深度融合，教师需要具有良好的信息素养，具有应用信息技术创新教育教学的意识、态度、方法与技能。教师不再是单一的教书匠，而是教学的组织者与引导者，信息技术能力日益成为智能时代高水平教师必备的基本素养。教师的信息素养指教师能适应信息社会的发展，熟练地将现代多媒体技术应用到学科教学中，包括教师的基本信息能力、信息化教学设计能力、信息化伦理、信息化教学实施和信息化评价能力等[①]。因此，信息技术应用于教育领域的实践案例可以助推教师主动适应信息化、人工智能等新技术变革，有助于教师加深对教育信息化的理论理解，使其信息素养和专业水平都得到潜移默化的提高。

（二）教育信息化案例有利于强化学生的学习效果

传统的教学模式有很多弊端，如效率低、效果差；以教师讲评为主，耗费时间和精力，更为严重的缺陷是知行脱离、手脑分离[②]，学生学习的自主性没有受到足够重视。智能手机、电子白板、电子书包、资源共享等现代信息技术在教育教学中的应用，不仅可为教师精准把握学情、有效开展教学设计提供帮助，也极大丰富了学生的学习资源，改变了学习环境与学习方式，使学生获得更好的学习体验，一定程度上可有效提高学生的信息素养、增强学习意愿、提高学

---

① 刘喆，尹睿. 教师信息化教学能力的内涵与提升路径[J]. 中国教育学刊，2014（10）：31.
② 滕文锐，王勇. 开创素质教育新途径——信息化教学的设计与实践[J]. 科教导刊（上旬刊），2015（4）：129.

习兴趣和对教学内容的接受程度、提高创新意识、增进师生间的互动交流、促进个性化学习，帮助学生更加深入地理解课程知识进而提升学习效果。

（三）教育信息化案例有助于推动教育现代化进程

信息技术在促进教育改革与创新方面蕴藏着巨大潜能，不论是在教育管理、资源配置，还是在教育均衡方面都发挥了重要作用。具体而言，教育信息化案例帮助教师变革教育理念、模式与方法，促进学生健康成长与综合素养提升，对于各级各类学校开展基础设施、教学管理、学科教学资源、教育技术能力培训及数字校园建设具有重要价值，如祝智庭曾指出适用于一般规模的中小学多媒体网络教学系统包括四个部分：管理中心、电子阅览室、多媒体课件制作室、多媒体网络教室，为信息技术融入教育教学提供了极大的便利[①]。将信息技术融入教育领域促进教育改革是实现教育现代化的必由之路。

三、教育信息化案例的特点

教育信息化案例是教育与信息化深度融合的产物，是在信息化教学过程中一些先进教育经验的体现，也是值得进一步研讨和思考的蓝本。因此，教育信息化案例至少具有以下几个方面的特点。

（一）以人为本

教育信息化案例要建立清晰的信息化目标、教学目标和可行的方案，起点是人，最终目标也是服务于人，因此从设计到行动都是以人为出发点，根据各校各地区的发展情况开展，一切信息化环境建设和服务都是为了促进人的全面发展。

（二）充分注重信息技术的融合应用

教育信息化要发挥技术优势，变革传统模式，推进新技术与教育教学的深度融合，真正实现从融合应用阶段迈入创新发展阶段，不仅要实现常态化应用，更要达成全方位创新[②]。要体现信息技术在教育教学、教育管理中的应用，前者包括技术与学科的融合，发挥信息技术在课堂教学、学习方式、评价方式等各个环节中的价值，后者主要指信息技术在基础设施、学校管理等方面的应用。

---

① 祝智庭. 现代教育技术——走进信息化教育[M]. 北京：高等教育出版社，2001.

② 教育部. 教育部关于印发《教育信息化2.0行动计划》的通知[EB/OL]. （2018-04-18）[2022-01-26]. http://www.moe.gov.cn/srcsite/A16/s3342/201804/t20180425_334188.html.

（三）实施效果明显

教育信息化案例代表了技术融入教育的生动实践典型范本，为教育事业发展添砖加瓦，成效显著。宏观上包括教师的专业能力、教学水平、信息技术能力等的提升，学生学习兴趣、学习成绩、积极性等的进步，教与学方式的优化和转变；微观上包括资源的开发与利用，形成一定的教学模式、评价标准等。

（四）内容广泛

教育信息化案例包括教学、管理、资源、教师、学生等各个方面。技术辅助教学优化课堂形态，通过课堂重构实现教学、评价等方式的变革，提高教学效率；大数据分析助力实现精准教学和智能办公，加强学校管理；教育信息化使得资源得以高效利用，促进教育公平；信息化案例不仅提高教师的信息技术应用能力，也进一步促进教师专业发展；信息化背景下的教育侧重学生的学，培养学生自主、合作、探究、创新等能力，关注学生核心素养的发展。

（五）教育情境虚拟化

情境是客观环境和主观心境相融合的产物，客观环境必然影响主观心境。教育改革越来越重视情境在教学中的作用，教师通过创设生动、具体的情境为学生营造轻松愉快的氛围，进而促进学生的学习。信息技术在教育中的应用，为学生提供了多平台、更简便的多元学习环境，使得教育教学情境呈现虚拟化特征，促使学生身临其境、感同身受，有利于促进学生的学习和成长。

（六）可借鉴性

教育信息化案例源于一定的问题情境，提供切实可行的方案，具有代表性和推广性，可以为其他学校的学习与推进提供桥梁，具有一定的示范辐射作用。

从以上教育信息化案例的内涵、意义和特点来看，明确和体会教育信息化案例的实质，有利于进行教育信息化案例的设计与实施。

第二节　教育信息化案例设计的原则

结合前面讨论过的教育信息化案例的内涵、特点，我们在进行教育信息化案例设计时要遵循以下原则。

一、真实性

案例就是对一个实际情境的描述，也就是说案例必须是真实发生的，它不能用"杜撰的事实"来代替，也不能用"抽象的、概括的理论中演绎出的事实"来代替。此外，案例的事实反映必须充分，如果得不到某些必要的事实应当加以说明。值得注意的是，案例设计不应包含本人的观点和看法，如果要写别人的看法也应该标明，不能作为事实加以报告。因此，每一个教育信息化案例的来源必须是在信息化背景下教育领域中真实发生的某一个决策或难题。一个好的教育信息化案例能够引发使用者的共鸣，可以成为信息化背景下使用者分析和思考教育发展的工具，但前提必须是对真实的复杂情境的记录。这就要求写作者本身就是实践者，深入研究现场收集资料，并且在筛选资料时，做到客观、中立、真实地再现事实，不能持有某种期待和偏向。

二、故事性

一个案例就是一个故事，这也是它引人入胜的原因之一。案例的故事性意味着一种情境，强调根据特定的时空情境解释某一事件，而不是抽象地考虑问题、得出结论。这里的情境有两层意思：一是在自然状态下发生的，而不是像实验研究那样通过人为控制产生的；二是真实发生的，而不是想象或虚构的。故事还意味着要有一个完整的时空框架，应该囊括具体的时间、地点、人物等背景，还要突出故事发展的起因、经过、高潮、结局等完整情节，那些片断的、支离破碎的，不能给人完整信息的故事，就不能叫作案例。但故事性并非代表记流水账，把所有细节都记录在案，案例设计所呈现的故事要有疑难情境，集中突出中心论点，不能就细枝末节泛泛而谈，要把握主线，突出主题，说明案例要解决的主要问题和关键性问题，并能提出有效的解决方法。此外，在具体阐述教育信息化案例的过程中，要注意案例的趣味性，可以通过适当设计悬念、增加戏剧冲突等方式激发使用者兴趣。

三、典型性

案例的典型性是指案例必须包含典型故事，主要表现为所抽取的案例是有个性的、特殊的案例，能够为研究问题提供最大信息量的人、地点和事件，具有典型意义。虽称为"一个一个"或"个别"的事件，但这种事件不是孤立的、唯一的，而是有其代表性和其内在联系的。解决了这个"个案"不但能解决相同的"个案"，还能解决与其相似的"个案"，并能触类旁通地找出其科学规律，解决更深层次、更复杂、更疑难的"事件"。这种典型性有其特定的形态和内容，表现为在当事人身上和某一事件的发生过程中有明显的、与众不同的表现；同时，这种典型性也具有一定范围的代表性，通过一个案例的启示能解决与此相同或相似的一类教育教学中存在的实际问题或理论问题。

四、读者导向

读者在进入文本阅读之前，已经处在一种前在理解或前在认知的状态，这样的状态是由读者本人的生活经历、认知水平、接受能力等不同因素决定的，如接受美学、期待视野等理论都阐述了读者导向的重要性。教育信息化案例的设计或叙述也要站在读者的角度，尊重读者本人的生活经历，做到具体、生动、明确，便于读者理解和掌握事实，带给读者真实的体验，使读者身临其境一般感受事件的进程。这种读者导向的案例设计更能激发读者阅读兴趣、引发读者思考，也从侧面凸显了案例的价值。

五、功能性

功能性是指一个物品或事件所发挥的作用和价值。教育信息化案例的功能性首先表现为解决了某个实际的问题，如利用信息技术实现班级高效管理、促进学生个性化学习、优化教学环境、拓宽教育资源等，每一个案例都呈现了特殊的疑难情境并解决了相应的关键性问题；其次是引发人们的思考，教育信息化案例呈现的目的不仅在于解决某个问题，还在于带给人们想象和思考的空间，以及案例对于不同主体、不同领域的示范辐射作用，进一步提升教育质量，加快教育信息化和现代化的进程。

六、创新性

教育信息化案例设计的创新性可以体现在研究主题、内容、形式等方面的创新上。在研究主题上，由于信息技术与教育的融合往往被局限在教师的课堂教学上，关于班级管理、教学评价、教师发展等方面的研究容易被忽视，因此要放宽研究的主题与视角，从教育的多方面找寻与信息技术的结合点和创新点；在研究内容上，确定研究主题后，教育信息化案例的设计与撰写要突破循规蹈矩的藩篱，重视标题的编写、内容的编排、语言的表述、情节的发展等具体内容的创新；在设计形式上，可采用倒叙、设置悬念、增强戏剧冲突等技巧增加文章的趣味性和可读性。

第三节　教育信息化案例设计的方法

在案例研究的多种路径中，"设计本位"的案例是最为重要的一种。这种路径也成为探讨学生学习奥秘的重要研究方法。教育信息化案例在进行设计的过程中也可以以此为取向。

一、"设计本位"的内涵

"设计本位研究"（design based research，DBR）由"设计实验"发展而来，后者是由美国西北大学的艾伦·柯林斯和加州大学伯克利分校的安·布朗最早采用的术语。[1] 这是 20 世纪 90 年代初在美国学习科学研究领域兴起的一种新型研究范式。设计研究最直接的特点是发生在真实情境中迭代的研究过程。柯林斯和布朗的"设计实验"的初衷就是在实际课堂情境中开展教学干预的设计和研究，而不是在实验室条件下研究特定教学变量的作用。结合"设计本位"提出的初衷，以及国内外学者关于设计研究的发展历程，华东师范大学安桂清教授将设计本位研究概括为六个特征：情境性、迭代性、干预性、合作性、理论生产性、实用导向型[2]。从这些基本特征可以看出，设计本位研究作为教育研究的新范式，超越了传统实验研究和行动研究更关注"具体"问题的研究方法，对如何改进教育实践、如何发展教育理论和如何保证知识生存的可靠性等问题进行了思考。因此，设计本位研究的思路与教育信息化案例研究设计的思路不谋而合。

二、基于"设计本位"的案例设计

设计本位研究一般呈现出"设计—实施—评价—改进—再实施"的迭代循环过程。也有学者在此基础上将设计研究分为九个步骤：从一个有意义的问题入手；与实践者合作；整合稳健的有关学与教的理论；进行文献综述撰写、需求

① 安桂清. 课例研究[M]. 上海：华东师范大学出版社，2018：31.
② 安桂清. 课例研究[M]. 上海：华东师范大学出版社，2018：36.

分析等，以便生成研究的问题；设计一个教育干预；开发、实施和修改设计的干预；评价干预的影响；循环这个过程；撰写报告。从中我们不难发现，案例设计是将基于设计本位的研究作为一种研究方法进行参考。而研究方法是指在研究中发现新现象、新事物，或提出新理论、新观点，揭示事物内在规律的工具和手段。科学的研究方法必须具有系统化、程序化的步骤，一般包括选题与假设的建立、数据与资料的收集、数据资料的分析。结合"设计本位"研究范式，案例设计作为一种研究方法，要有一整套符合逻辑的陈述，包括案例设计选题与假设的建立、案例设计的目的、数据与资料的收集、数据资料的分析等。

第一，研究问题是研究设计目的与内容的高度概括。一个好的教育信息化案例首先要有一个好的研究问题，要从教育信息化的特征、类型、原则等内容出发把握选题的方向，通过检索文献、深度剖析拟研究话题的已有重要研究，找出问题所在。此外，可以运用案例研究法对某一主题的现状及发展情况进行整体把握，对案例进行厚实的描述和系统的理解，对动态的相互作用过程与所处的情境脉络加以掌握，从而获得一个较为全面与整体的观点，方便后期案例的设计与撰写。

第二，案例设计是通过案例展现某个核心问题，集中反映案例中所表现出的困难、矛盾和困惑，以此产生新的想法、思路和策略，最终达到总结经验、促进交流研讨的目的。教育信息化的案例设计通过描述信息化背景下教育发展的现状和存在的问题，以及解决思路或策略，对教师专业发展、学生核心素养培养等起到良好的借鉴示范作用。

第三，每一个案例设计都需要有相应的数据材料的支撑。数据与资料可以通过文献、档案记录、访谈材料、观察、实物证据等多种途径收集获得。收集的材料要做到客观、翔实，不能弄虚作假。一般按照确定目标、定义采集范围、选择采集工具和方法的步骤进行收集。对收集到的数据要做好保护措施，不能随意泄露。在使用的过程中，尤其是对一些涉及个人隐私和敏感性较强的数据要进行妥善处理，不能随意滥用。

第四，材料收集结束后要对案例数据进行系统分析，分析方法可采用多样化策略，不可固执己见，要采取开放包容的态度，反复研究，设身处地地进行分析，尽可能从多个角度进行分析，提出决策方案，作出决策并提出建议。

三、教育信息化案例设计的一般步骤

在教育信息化案例设计的过程中，我们遵循设计本位的研究范式，结合将其作为研究方法的注意事项，主要采取以下几个步骤。

（一）前期准备

从案例设计的前提来说，前期准备包括教育信息化案例的定位等。在此我们只从具体的案例设计的角度进行前期准备。这主要是指写作者要了解当前教育信息化的大背景、大方向，并且背景描述要有一定的特殊性。没有特殊性也就意味着这个案例的意义和价值不够明显。此外，还要通过有关调查，收集详尽的材料，同时初步确定本案例的研究目标、研究任务，初步确定案例的体例、类型、结构等，必要时还要有针对性地作一些理论准备。同时，在外在环境上也需要进行一定的人力、物力等方面的准备。

（二）案例主题的选取

信息技术有助于加速教育变革，提升教育质量，但科技的双面性也凸显了技术与教育融合的弊端，因此教育信息化案例主题的选取要与普通教育案例区分开来，既要明确教育的主题，又要凸显信息化在教育案例中的作用。首先，教育案例根据不同的角度可划分为不同的类型：从使用范围出发，可以划分为教育、教学、教育科研和教育管理；从写作方式出发，可以划分为事件、现象、活动、个人描述与研究；从特点出发，可以划分为探求、思索、质疑、正反、经验等；从内容出发，又可以划分为德育类、实践类、课堂教学类、教育反思类、创新类等。其次，案例的选取要突出典型性和创新性，不能千篇一律。在选定主题后，要将大数据、人工智能、互联网等信息技术与之融合并能解决相应的问题。

（三）材料的收集与分析

收集与分析材料的过程其实也是案例实践的过程。做好前期准备并确定好教育信息化案例的主题后，写作者要开始收集案例的相关材料，这要求写作者深入案例实际，通过文献法、观察法、访谈法等方法尽可能全面系统地收集相关材料，资料越全面，使用范围越广，越有助于案例的设计与撰写。在实施的过程中，注意收集现场的信息，进行评价反馈，再实践，从而形成一个完整的教育过程。对这一过程中产生的信息要尽可能多地收集并加以整理分析。分

析过程直接影响着案例设计的质量。理论分析可按这样两个维度展开：一是主观—客观维度，即从主客观两方面寻找问题症结之所在；二是现状—过程—背景维度，即从现状分析追溯其形成发展过程，并讨论过程和现状动态的因果关系，进一步分析过程发生的背景因素。

（四）案例过程的撰写

在对案例材料做多角度分析的基础上，可按一定的结构进行表述形成案例。撰写案例，一般要经过"撰写—讨论—修改—再讨论"的多次反复的过程，不断完善。撰写案例要做到目标明确，描述真实具体，情节合情合理，材料选取适当，案例构思巧妙，文字表达生动。撰写案例要防止"八股化"倾向，反对"空话"和"套话"的泛滥，努力做到"言之有物，言之有理，虚实并重，小中见大"。具体撰写时，案例结构可以灵活多样，可以有不同的表现形式，如"案例背景—案例描述—案例分析""案例过程—案例反思""事例—问题—分析""主题与背景—情景描述—问题讨论—诠释与研究"等。撰写过程中要注意以下两点。

首先是对案例背景的描述。要阐述案例的时代背景和详细背景，如时间、地点、人物等，交代故事的起因，突出案例的问题情境，引发使用者思考、期待和共鸣，此外还要隐含一定的解决方法。

其次是案例正文的撰写。第一，要确保教育信息化案例的真实性，即案例必须是真实发生的，不能是虚构的、杜撰的，要有一定的参考价值和借鉴意义；第二，要突出教育信息化案例的完整情节，对故事的起因、经过、转变、结果等都要描述清楚，要突出戏剧冲突；第三，要有中心论点，教育信息化案例不能只聊教育，也不能针对信息技术泛泛而谈，要找到两者的结合点，重点突出，主旨鲜明；第四，要有一定的时空框架，包括时间和空间的转化，衔接要自然，尤其是时间节点的划分要有一定的依据，比如故事的转折点等；第五，要有疑难情境，教育信息化案例每一部分的撰写不能毫无目的地就事论事、泛泛而谈，要强调故事的困难与戏剧冲突，引发使用者兴趣；第六，要注意案例写作伦理，写作过程中要有人文主义关怀，注意保护当事人隐私等。

案例的基本结构一般包含标题、正文和分析三部分。标题要点明案例涉及的主体和主题；正文一般是背景材料与案件材料的客观介绍和描述；分析是对案例进行评述，往往以议论或者夹叙夹议的方式进行。

（五）案例的总结与反思

总结教育信息化案例设计的经验和教训，可为下一次的教育信息化案例设计提供参考。首先要对教育信息化案例进行总结，包括研究的缘由、过程和结果等，包括对不同主体的意义和价值，再次凸显案例的主题和解决方案。其次要对案例进行反思，要意识到案例本身存在的不足和未来可能面临的困难与挑战，引发使用者思考，比如：问题解决中有哪些利弊得失？问题解决中还存在哪些新的问题？在以后的生产实践中，如何进一步解决这些新的问题？问题解决中有哪些体会、启示？

四、教育信息化案例的写作方法

教育信息化案例的写作是案例设计实践最后成果的体现。要写出有意义的案例，必须首先确立以人为本的写作思想，出于对人的关心，这是案例写作的伦理所在。在具体的写作过程中，要注意以下几点。

（一）教育信息化案例的表述与分析

第一，抓住关键环节。一个真实而完整的教育信息化案例事件，既有其起因或诱因，也有其发展的条件和过程，还有其变化的机制和结果。不论其多么复杂曲折，总有一两个关键环节，抓住这些关键环节，浓墨重彩地加以具体描述和详细分析，就为案例的成功奠定了基础。如此不仅会向人们展现出真实生活过程中的生动场景，而且也有助于探寻其背后的约束条件和运行机理，总结这一类型事件的规律。第二，在深入调查和研究的基础上编写。案例写作者应尽可能了解和挖掘与教育信息化案例有关的所有信息，了解到当事者当时是怎么看、怎么想、怎么做的，在深入调查的基础上，案例写作才有深度、有精彩的亮点。第三，注意人物刻画。事件的主体是人而不是某个部门或单位，只有描述出当事人的选择和活动，案例才会显得真实生动，这样的事件变化过程才具有可构造性，读起来才会有滋味。

（二）教育信息化案例的提炼与升华

第一，案例不能单纯停留在讲故事的阶段，我们还要进一步进行提炼和升华，在原有初级的事实材料的基础上进一步深加工，提升到经验、教训和措施的高度，这样才符合案例的典型性要求，否则案例的价值将十分有限。一个典型的教育信息化案例，不能单纯停留在教育层面，也不能就信息化教育泛泛而谈，而是要找到二者的适切之处，归纳并概括出案例所解决的问题和相应的措施、经验等。第二，要明确理论背景和理论框架。在案例写作前，必须首先弄清楚自己所论问题的理论背景和理论逻辑，明确自己是在一个什么样的理论框架里研究和讨论问题，只有这样案例才有意义，也只有这样才有可能进一步进行分析提炼和理论概括。任何案例都有其特定的背景，这也是案例撰写的重要内容，教育信息化案例的理论背景和理论框架正是基于信息技术发展给教育领域带来的重要价值和相关挑战这一前提的。

（三）教育信息化案例撰写的基本规范

一是使用过去时态，案例是过去发生的事件对当下及未来的启示和影响，因此不论是什么题材的案例，在设计过程中对案例的描述都是基于过去时态的。二是最好用框架图的形式来表达教育信息化案例的主要思路，这样便于使用者短时间内理解教育信息化案例的主要内容与基本逻辑，从总体上把握教育信息化案例。三是尽量用表格来展示有关材料，使案例呈现更为清晰、明朗，教育信息化案例的材料涉及众多信息数据，用表格来呈现也会更方便、美观。四是事实反映要充分，深入挖掘与案例有关的信息，要尽可能从多方面、多途径收集与教育信息化案例相关的信息，保证案例的真实有效性。五是列出实际采取的决策并分析原因，案例要隐含可解决的方法和措施，对收集的信息要进行深入分析，得出一定的解决问题的方法。六是注明所引用材料的出处，这是为了方便使用者了解材料的出处。七是核对有关数据，保证数据的真实性和科学性。八是附表和附录要按照顺序进行编号。

第三章　数治类教育信息化案例

第一节　乐清教育"数字大脑"

▷▷ 内容导图

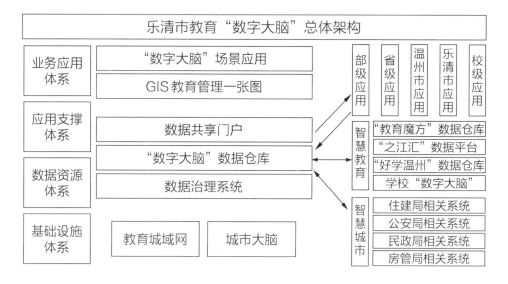

一、背景与问题

　　为深入推进温州市"智慧教育示范区"建设，依据《教育信息化2.0行动计划》《深化新时代教育评价改革总体方案》《中小学数字校园建设规范》，以及《浙江省教育领域数字化改革工作方案》《浙江省2022年区域教育信息化发展水平评价指标体系》《温州市创建国家"智慧教育示范区"实施方案》《温州市区域智慧教育发展水平评价指标体系（试行）》等文件，乐清市实施教育数字化战略行动，建设乐清教育"数字大脑"。

　　当前乐清市教育教学的数据应用仍有诸多问题亟待解决，如，乐清市教育局和乐清各学校普遍存在大量业务系统数据的对接需求，已累积的各类结构化数据（教师、学生等字段类数据）和非结构化数据（备课、作业、微课等各种视频、图片、文本数据），无法为传统业务系统所处理与承载，也无法实现数据的汇聚与整合，然而其对于乐清市教育局抑或学校都是举足轻重的。

因此，当前的首要任务是业务数据的贯通整合。通过教育"数字大脑"项目的建设，将这些数据进行统一集中的管理，直接横向打通各个业务系统的壁垒，破除教育信息孤岛，实现教育数据多源汇聚、深度融合、智能分析与场景式应用，形成师生—学校—教育局多级数据联动，促进教育优质资源的均衡化，推动区、校信息化融合，实现教育领域的数据赋能、生态焕新。

二、思路与做法

（一）总体思路

乐清市教育"数字大脑"具备数据汇聚、加工计算、行业标准建设、数据共享交换、大数据应用的基础能力，始于三方数据源的接入，经由数据处理层进行数据的运算、治理和共享，最终以各种教育行业分析主题的形式对外呈现（见图 3-1）。

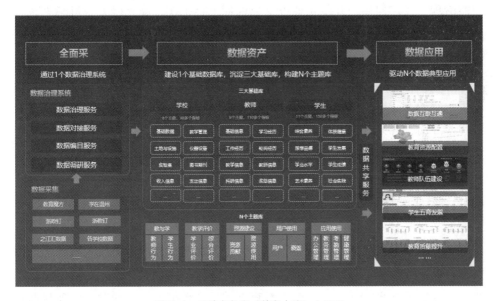

图 3-1　乐清市教育"数字大脑"主界面

首先，数据治理系统支持对数据库、消息、文本、接口等实现多源异构数据的采集，以统一数据标准为基础，规范元数据管理并通过数据治理实现规范数据的生成。例如，对接"教育魔方""好学温州""浙政钉""浙教钉""之江汇""奥威亚"，以及各学校的数据等，将分布的、异构数据源抽取到临时中间层后进行清洗、转换。再如，数据清洗是通过预设规则实现对数据的审查和校验，从而过滤不合规数据、删除重复数据、纠正错误数据并完成格式转换等。

第二，通过数据治理持续改善数据质量，使零散的数据变为统一规范的数据，使混乱的数据变得井井有条，从而构建三大数据库，包括"学校、教师、学生"基础库、教育局的部门库和多重业务场景主题库的数据资产。

第三，将数据资产进行共享目录分类编目，依赖数据共享服务实现数据共享交换，从而支撑业务系统中的数据要求，实现数据互联互通、教育资源配置、教师队伍建设、学生德智体美劳"五育"发展、教育质量提升等方向的大数据典型应用。

（二）建设实践

场景 1：打破数据孤岛，实现"数字赋能决策"

"数字大脑"能够通过"数据中枢"实现教育数据无感采集、动态汇聚、智能治理、授权使用，并基于业务、数据标准化工作，确立以人与机构为核心的教育行业统一赋码体系，将教育数据逐步转换为数据服务能力，建立起数据所有单位、使用单位与应用服务提供单位之间的对等共享通道，推动通过第三方教育数字化应用的数据回归学校，以教育数据充分共享支撑教育领域数字化改革。例如，通过多租户权限模型，构建"市—校"两级数据空间，并将对分散在各部门、各系统、各层级的教学、管理等主题数据进行全方位汇聚，从而实现"盘点数据资源，规范数据资产，发挥数据价值"的数据管理目标，为教育局、学校提供一站式教育大数据仓系统，构建乐清市教育基础数据的权威云。同时，"数字大脑"还可以依托数据资产的资源目录，按照数据交换标准，发布至数据共享平台（见图 3-2）。数据共享平台通过数据库表、服务接口、文件、文件夹等多类型资源的共享交换方式，可以在跨网、异构、多格式情况下进行共享，各业务系统可以按需申请，经审核后即可使用相关数据，实现信息资源跨部门的数据共享交换，彻底解决教育领域的"数据孤岛"问题，实现数据互联互通、互认共享。

图 3-2　数据共享平台

场景 2：构建乐清市 GIS（地理信息系统）教育管理一张图，着力打造全局"一屏掌控"

乐清市 GIS 教育管理一张图基于乐清市教育"数字大脑"已实现区校各部门、各系统互联互通的情况，通过对接教育事业统计年报、大华校园安防监控系统、学籍系统、"奥威亚"同步课堂系统等多方业务系统，实现对教育大数据进行深度挖掘、科学分析，将分析结果按学校主题、教师主题、学生主题、教育主题、校园安防主题等板块结合数智孪生综合系统打造的 GIS 地图，利用可视化渲染引擎实现三维空间效果展示，从而强化大数据与空间信息在关联分析、综合指挥、趋势预测等方面的综合应用，形成乐清智慧教育运行全景图，构建乐清特色的教育智治一张图系统，帮助管理者直观了解区域教育发展情况，为管理者问题诊断和分析决策提供数据支撑。

GIS 教育管理、教育智治一张图作为业务协同的核心载体和操作界面，除了与《浙江省数字化改革总体方案》中提到的着力打造全局"一屏掌控"、监督"一览无余"设计理念高度一致外，还能帮乐清市教育局在师资层面做好"招引育调"四篇文章，提升软实力，打造人才新高地。

场景 3：构建校级教育管理一张图，助力教育质量提升

构建校级教育管理一张图主要体现在以下几个方面：一是通过课堂教学分析驱动教育质量提升，采集教师和学生在课堂的过程性行为数据，为管理者直观了解信息化应用使用情况，提供数据抓手；二是监管覆盖教师教学和学生学习全场景，聚焦学生设备监控，以及课前、课中、课后教师和学生的特征和同类与平均表现之间的差异，辅助教研指导；三是满足管理者进行分学科、学段的典型课堂模式分析的诉求，以数据支撑进行使用推广及模式学习；四是满足管理者进行班级学习分析的诉求，通过日常表现排名、作业用时分析、学习投入分析、学习结果分析，从班级学习角度进一步反映教与学成效；五是通过可视化大屏展示区域学校在教学、学业、课堂、资源等方面的应用使用情况，便于区域管理者一站式把控区域教育信息化水平，辅助教育管理走向数据化和科学化（见图 3-3）。

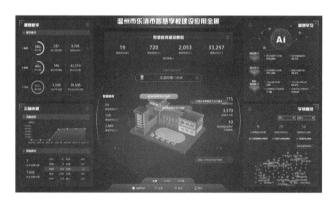

图 3-3 智慧学校管理

场景 4：围绕共同富裕，推进城乡优质均衡发展

通过小学、初中的教育事业统计年报、现代化学校督导评估系统、县域义务教育优质均衡、"好学温州"等多方的数据源，实现数据的采集、加工、分析和计算。并基于《义务教育阶段学校办学基本标准》，从市—区—校三层进行 12 个维度 20 项指标模型，分析区域历史变化趋势，多学段立体视角查看学校办学条件分析和计算，实现区域办学条件分析、学校办学条件分析、学校办学条件达标预警。

通过小学、初中的教育事业统计年报，以及学区信息、不动产权信息等数据资产，实现度量全市及各区的入学压力，压力地图直观呈现学位缺口情况，为区域管理者制定招生策略、提前对入学紧张的区域进行资源调度提供参考。校级管理者可结合学位缺口数与学校建设的各项指标情况选择合理制定招生人数，提前规划相关学校资源以应对学位压力。

场景 5：构建教师全息画像，助力教师队伍建设

大数据和人工智能辅助建设教师队伍主要体现在两个方面：一方面是数据

推动教师评价形态变革。利用大数据、智能技术赋能教师评价本质上是对传统评价的突破和创新，通过解构、重构形成新的有别于传统的、线下的教师评价新模式。而其实施的关键在于用大数据、人工智能技术助力教育评价数据的采集、处理、分析和应用，实现教育评价的数据化、智能化，由此而引发教育评价形态的变革。另一方面是数据助力教师队伍成长。教师评价是推动教师队伍成长和发展的重要一环，通过教师数据标准、教师数仓、数据管理平台、评价管理平台及教师应用，能够在降低教师重复填报负担的同时，帮助教师迅速了解自身情况，有针对性地进行诊断分析、预警关注与提升建议，实现对教师队伍管理的数智化、对教师发展的个性化，助力教师群体减负增效（见图3-4）。

场景6：实现学生"五育"评价，完成学生素养发展的区域增值评价探索

通过对学生学业质量、艺术素质、科学素养、品德发展、劳动教育、体育素养等多方面评价数据的采集汇聚，打通可用于学生成长记录和评价的底层数据，凸显"五育"并举，记录并呈现学生发展成长的过程，将学生日常学习与生活的每一个事件和行为都作为评价的要点，全面考查学生的综合表现。这既有利于教师和家长了解学生的在校表现，从平常、统考到各学科均衡度全面了解学生的学习情况，又有利于辅助管理者概览学生综合素质评价的总体水平、突出特长和薄弱项，指导区域综评工作开展和资源投入，探索中小学生综合素质评价体系建设与应用（见图3-5）。

图3-4　教师发展驾驶舱　　　　　　图3-5　学生"五育"成长画像

（三）保障举措

乐清市的保障举措主要体现在三个方面：一是加强组织领导。乐清市教育局成立乐清市教育"数字大脑"建设工作领导小组，切实履行教育"数字大脑"建设，组织领导职责。二是强化机制保障。建立教育"数字大脑"建设专项资金和长效投入机制，建立项目统筹管理机制，统一规范项目立项、实施和验收工作。三是落实督查考核。发挥好考核指挥棒作用，健全动态考核机制，将教育"数字大脑"建设工作纳入乐清市教育局各科室和管辖范围内各校考核体系，确保各项目标任务全面落实。

三、特色与成效

（一）推动教育数字化转型，切实解决"数据孤岛"

乐清市教育"数字大脑"包括数据治理系统和数据共享交换平台、三大数据库建设（包含学校、教师、学生的基础库，N个主题库和部门库）、乐清教育"数字大脑"数字一张图（包含乐清市GIS教育管理一张图和校级教育管理一张图）。为了彻底解决"数据孤岛"问题，教育"数字大脑"制定了数据互联互通的实现路径：一是通过掌握及整合数据，建立多源数据融合终端；二是制定统一的数据标准，加强数据标准宣传工作；三是完善数据管理，统筹数据治理工作；四是培训相关人员，培育教育大数据领域的精兵强将。

（二）跨场景数据联通，常态化赋能教育教学

在省市层面对接"教育魔方""好学温州""之江汇"等平台，在市级层面对接公安、民政、教育、卫健委、房管局、数据资源局等部门的多元异构数据。通过乐清市教育"数字大脑"统一数据采集、管理和使用，逐步实现教育数据的规范采集、有序加工处理和分类授权，同时，实现应用数据的对接回流，有效采集教育教学结果数据、过程性数据，并进行分类储存和有效关联。

（三）总结教育新思路，复制推广"乐清经验"

对于乐清市的教育数字化转型，既要回顾总结、查漏补缺，又应推广经验、锦上添花。一是加强制度保障。乐清市成立了创建国家"智慧教育示范区"暨教育领域数字化改革工作领导小组。打造乐清教育"数字大脑"，建设形成教育治理、泛在资源、未来学校三大服务数字中心，创设全方位的教育应用场景，构建信息时代基于大数据的现代化教育治理体系，打造乐清教育"1+3+N"信息化生态模式。二是构建学习共同体。为凝聚实验区建设合力，促进教育信息化成果积累和经验交流，由乐清市教育研究培训院牵头成立各学段融合学习共同体，并轮流承办"乐清市基于教学改革、融合信息技术的新型教与学模式实验区成果展示活动"，每月开展一期，组织全区中小学和部分区外学校参与学

习。三是塑造典型示范校。基于各类教育信息化和新型教与学模式的推广应用，征集典型的乐清市智慧校园 2.0 建设的示范校，总结和提炼信息技术与教育教学深度融合的实践经验、特色亮点，择优汇编出刊、参加新闻专题报道，形成一批可复制、可推广的新型教与学方式变革路径和模式，在全市范围内营造氛围、形成合力。

为争创社会主义现代化的先行者，乐清教育将继续以数字化改革为重要抓手，以促进数字化与教育教学深度融合创新为主线，利用"互联网＋"的思维方式和人工智能、大数据及云计算等新一代信息技术推动智慧教育的建设，逐步建成智慧教育数字化生态体系，高水平推进教育治理现代化，齐心协力助力乐清市教育领域的数字化改革事业。

本案例由乐清市教育局提供，执笔人：林建安　万献勇　屠乐勇　钱成孟

第二节　数字赋能区域"互联网＋创客"教育

≫ 内容导图

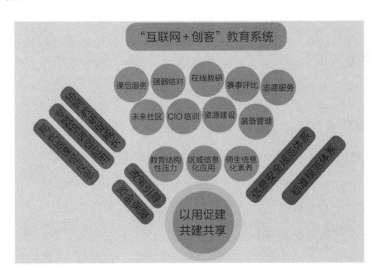

一、背景与问题

数字化时代的到来，进一步推动了教学突破时空限制，促进教与学的双重革命；打造了没有围墙的校园，汇聚海量的知识资源，为学习者提供更加优质、

多样、个性化的学习支持；推进了不同地区、不同群体之间教育的平衡发展，使得教育公平理念不断从理想走向现实。

2019 年，德清县被设立为国家新一代人工智能创新发展试验区。此后，人工智能成为德清县重点发展方向之一，县内各学校均顺应形势，大力发展人工智能教育，并陆续建成了一批创客空间。

学校建设多元的创客空间，不仅要能够服务于当前的学校教育，还要能够服务于未来社区、未来教育板块，因此需要一套有效的教室管理系统，打通线上线下教育，打破学校围墙，打破城乡差距，促进家校和社区融合。

目前，创客空间、教学设备的使用数据只留存于线下，德清县教育保障中心不仅无法有效管控创客空间的运行状态和教学装备的利用情况，也不能开展基于创客教育的线上项目式学习，无法达到教育信息化的要求。

同时，由于城乡生源增长极端化，教育资源配置不均，教师发展缺乏群体动力。优质的课程资源缺少共享渠道，区域内学校、教师、学生得不到平均的资源分配，教育公平难以实现。

再者，受限于时间与空间，校与校、教师与教师之间存在沟通闭塞的问题，跨校教师难以共享信息，更无法就教案、课程资源、授课方式等信息进行沟通打磨。信息孤岛亟须打破，以促进跨校间的教师交流沟通、交换信息。

强化区域统筹，推进教育上云，完成人工智能应用试点县的建设任务，需要对现有以机器人实验室为重点的创客空间进行信息化改造，无缝接入区域创客空间线上管理及创新学习平台。

二、思路与做法

（一）总体思路

坚持贯彻"以用促建、共建共享"的原则，以"校校用平台，班班用资源，人人用空间"为基本理念，打造健康稳定、集约高效、自主可控、安全可信、开放兼容的一体化智能化公共数据平台。依托"互联网+创客"教育系统平台，有机集成录播教室、人工智能学科教室、创新实验室、STEAM[①]创客教室等"四室"的实时课堂教学，融合科技互动、教法应用、教材实践等不同维度的智能评价，开展创客学科教学设计、信息技术应用、多学科融合教学等多视角的专家在线点

---

① STEAM指科学、技术、工程、艺术、数学五学科融合的教育理念。

评。面向城乡学校师生，提供电脑、平板、手机等多终端接入的"四室"直播课堂和课后点播服务，全面提升教师和学生的信息素养，助推教师专业成长。

（二）建设实践

1.制度保障

为保障"互联网+创客"教育的全面顺利开展，德清县依据其建设目标、应用场景等打造了专业化的帮促团队与管理团队，为"互联网+创客"教育保驾护航。

（1）打造帮促团队

一是协同教研促成长。按照"一中心，三队伍"的团队建设思路，坚持培养区、校两级协同的智慧引领团队，通过团体教研和集体研讨推动技术与教学的深度融合。

二是专题培训促应用。开展教育信息化专题培训，包含管理平台应用培训、机器人教育模式培训、直播课堂教学创新培训、教育信息化素养提升培训等，提升师生信息化产品应用。

三是局长巡课促反思。德清县遵循"以用促建、共建共享""覆盖全区教师、融合技术应用"的原则，以"校校用平台，班班用资源，人人用空间"为基本理念，常态化推进"局长巡课"。课前40分钟确定巡课的学校、科目和教师，教师在学校录播教室授课，教学过程通过"互联网+创客"教育系统平台全程直播。

（2）打造管理团队

一是政策引导。通过政策引导和制度设计，制定信息化应用管理职责和规范，建立运行维护保障机制和制度，践行"一空间、一管理"CIO（首席信息官）领导管理，充分调动积极性，保证系统的使用率。把教师在"互联网+创客"教育系统平台的成绩、参加创客教育服务的表现纳入学校年度考核，并作为职称评聘、表彰奖励和绩效工资分配的重要参考。

二是资金保障。教育信息化产品随着使用年限的增长，需要不断更新换代。在资金投入保障方面，在确保基础教育信息化投入的同时，也要确保原有教育信息化设施、环境的升级与改造。

2.场景化应用

德清县"互联网+创客"教育融通学校现有人工智能、STEAM创客、同步课堂等系统，整合共青团、科技部门、少年宫等资源，实现课后服务、强弱结对、在线教研、赛事评比、志愿服务、未来社区、CIO 培训、资源建设、装备管理等九大典型应用场景。

（1）课后服务

为了积极贯彻落实国家有效减轻义务教育阶段学生过重作业负担和校外培训负担的"双减"政策，扎实、有效推进课后服务工作，德清县坚持以生为本的理念，大胆尝试，突出新形势下的特色办学，努力为学生搭建"互联网+创客"教育系统平台，促进学生综合素养的提升，助力学生健康快乐的成长。

基于线上与线下相结合的"互联网+创客"教育系统，德清县在线下利用学校的校内场所开展课后服务，解决家长与学生的难题；在线上利用互联网系统开展课后服务，包括校园课程的学生在线选课、教师排课授课，以及学生的课后评价等。

学生能够根据区域内创客课程的大课表选择预约相关课程。区域平台与下属创客教室内的交互录播设备对接关联，课程根据大课表的时间定时开启，并且相关主讲教师和区域线上平台接收开课指令，自动形成在线教室，在学生预约进入教室后考勤系统介入进行打卡操作，并且联动积分系统开启计分操作。

具体地，在线上通过"互联网+创客"平台进行报名，并且查看对应区域大课表选择相关课程进行预约，在预约成功后通过线上平台打卡签到进行直播或点播学习。线上预约成功后，在线下通过验证码、学生卡或电子识别等形式通过电子班牌进行身份验证、打卡签到（见图 3-6）。

通过"互联网+"模式，学生、家长、教师在居家环境里可通过电脑访问"互联网+创客"教育系统平台，支撑家生共学、假期专学、自由研学的家庭应用。根据实际情况，学校在校园内开展丰富多彩的创客特色活动，丰富学校课余生活，助力"双减"政策，让孩子们的童年变得多姿多彩（见图 3-7）。

图 3-6　排课选课系统

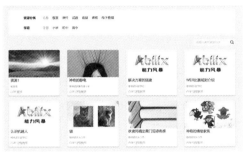

图 3-7　课程资源

（2）强弱结对

过去，乡村教育薄弱，大量乡村学生涌入市区或县城就读，造成"城镇挤、乡村弱"，城市教育则普遍出现"择校热"。为促进全县校际教育教学交流，德清县充分利用"互联网+创客"教育系统平台的线上互动教学优势，发挥优质资源共建共享原则，融通学校现有人工智能、STEAM创客、同步课堂等系统，基于线上开展"互联网+创客"教育教学。以强校带弱校，提高教师队伍整体素质，推动全县创客教育均衡发展。

基于录播系统，依托区域"互联网+创客"教育系统平台，德清县开展"城乡同步课堂"形式的，以创客学习为主题的"互联网+义务教育"活动（见图3-8和图3-9）。

图3-8　同步课堂

图3-9　线上课堂

（3）在线教研

教研工作是保障基础教育质量的重要支撑。长期以来，教研工作在推进课程改革、指导教学实践、促进教师发展、服务教育决策等方面发挥着十分重要的作用。系统能作为教师的磨课工具，记录教师的每一次授课与成长，为教师成长提供数据和理论支撑；通过回放视频、分析课堂行为数据等方式使教师进行自我反思，助力教师快速成长。

平台提供在线听课模块，骨干教师可使用此功能安排师范生或者初入职教师完成日常听课任务及教学教研活动。创建听课任务后，骨干教师选择任一课程视频即可开始听课，可一边观看课程视频一边做在线记录，对课程某一点进行打点并自动记录时间信息，并对此点进行课堂记录和评议；或者根据设定好的评分量表进行打分；系统最后将听课记录、量表打分信息生成电子听课本并归档保存。

（4）赛事评比

"互联网+创客"教育系统平台提供线上创客赛事评比功能，以线上参赛、评赛的形式进行。在"双减"大背景下，科技创新及人工智能呈现出蓬勃发展的态势，线上与线下相结合，动手实践与团队协作相结合，充分凸显了线上大赛创新与实践的意义。赛事组织方发布赛事信息，学校组织学生参与赛事。学生通过"互联网+创客"教育系统平台上传参赛作品，赛事组织方组织评审专家进行线上评审。线上大赛的举办，能够营造"五育"融合发展的育人环境，为国家培养创新型人才（见图3-10）。

图 3-10　赛事评比

（5）志愿服务

乡村中小学的科创教育对乡村教育振兴意义重大，乡村中小学生对于科创教育也有着迫切的需求。但部分乡村中小学对于科创教育的重视程度不够，科创教育课程质量与学生的需求不能很好匹配，存在较为明显的短板。目前，仍然有很多学校没有配置专门的创客老师，有很多孩子没有机会接触到以机器人制作、编程为主要内容的创客教育，而创客教育有助于培养青少年的科学素养和创新意识，锻炼他们的动手能力、合作能力、创新能力。

创客志愿者服务通过社会力量加强学校创客教育工作。志愿者可通过"互联网＋创客"教育系统平台进行申请，在学校端进行审核认证。通过认证后，志愿者可在平台进行线上和线下课程的教学。

创客志愿者作为对乡村中小学科学教育中科创实践教育的补充，以生活中的科学问题为出发点，以创意设计思维为生长点，以创意设计展示为着力点，以职业生涯畅想为结合点，以科创技能培训为提升点，充分发挥创客教育在科学教育中的重要作用，培养乡村中小学生的科学创意思维，启迪创新智慧，培养科创能力。

（6）未来社区

随着社会经济的不断发展，人才的培养方式越来越多样化，不再局限于学校教育，社区教育作为一种新兴的教育模式也广受社会各界的关注。社区教育即在社区中，开发、利用各种教育资源，以社区全体成员为对象，开展旨在提高成员的素质和生活质量，促进成员全面发展和社区可持续发展的教育活动。

德清县上柏小学和德清县五四村精心打造未来教育特色场景，实现"学校在社区中，社区在学校中"的未来教育新形态，为未来社区建设提供校社融通的新范本。以学校教育教学为实践本位，以服务所在街道和社区的社区教育服务需求为基本框架，拓展学校教育的新功能，提供若干教育服务，如四点半教育服务、托管服务、线上课程教学服务等，在学校力所能及的范围内建设"幸福学堂"教育资源集成与服务中心，探索家校社协同共育的可持续发展实践之路。

上柏小学将"校本化、生本化、未来化"的学校教育资源多渠道进行传播与分享，从"影响一部分，改变一部分"逐步过渡到"全员共创，全员共享"，服务于校内外一切"勤于思考、善于开发、乐于分享"的学习群体，实现符合未来教育发展的全民学习、终身学习。未来，将继续围绕社区居民教育服务的高频需求，迭代升级"互联网+教育"，高水平推进"学有所教"，在"邻里学堂"的基础上积极创新社区教育模式，扩大优质教育资源覆盖面，满足居民个性化学习需求，高质量营造富有德清特色的未来教育场景，增强社区居民的文化体验感。

（7）CIO培训

创客教育是当前教学中备受关注的一种教育模式，这种教学模式与传统的教学模式相比，更注重对学生综合能力的培养。在学生素养提升方面，创客教育有其独特的功能，而创客教育的普及需要由创客教师来推动，所以积极地进行创客教师的培养具有时代意义。

为了让全县中小学教师了解创客文化、创客工具，推动"互联网+创客"教育系统平台在教学中的普及，在教学中更好地运用创客教育资源，体验全新的授课方式，为新学期的创客课堂打好基础，2022年9月26日由德清县教育保障中心主办的创客教育培训会成功举行。全县各地近70名中小学CIO、骨干教师参加了培训。此次活动有效缓解了学校创客教学中心"资源缺""教育难"的问题，是德清创客教育的一次创新性探索实践（见图3-11）。

图 3-11　丰富的 CIO 培训活动

（8）资源建设

创客教育资源库是为创客教育服务的基础性资源，各学校教师在创客教学中可以直接使用资源库中已有的资源，也可以通过平台使用、分享自己的课件、微课等资源。教师们使用过的资源经过筛选或评价，按照一定的程序进入资源库，不断地积累与迭代，逐渐丰富资源库。

教师点播课程资源，学生课后也可以下载后观看、学习，形成一个线上线下开展"互联网+创客"教育教学的闭环过程（见图3-12）。

图3-12 丰富多彩的资源

（9）装备管理

为实现教育信息化设备和软件的管理与控制，德清县"互联网+创客"教育系统平台接入了浙江省"教育魔方"，具有装备管理能力，能够实现县、校的分级使用、数据融通和教育教学资源的可控性推送和共享。为区县教育行政管理部门、学校提供驾驶舱，展示区域内新型教学空间内信息化设备的信息，统计多媒体用计算机、录播主机的运行信息，提供智能报修、服务评价等装备管理和数据分析服务。实现班级多媒体系统、录播系统等信息化终端的互联可控，支持实体空间和网络学习空间的融通，以教学空间创新撬动义务教育段学校"课堂革命"，推动新课程改革的实施和育人方式的变革，提高教育教学质量。

三、特色与成效

"互联网+创客"教育系统数字化应用场景，解决了创客教育教学中的难点，推动创客教育在日常教学中常态化进行。

"互联网＋创客"教育系统平台集成录播教室、学科教室、创新实验室、智慧教室等"四室"的实时课堂教学，采用网络日历排课形式，为区域内的城乡学校、师生提供直播课堂，变革了传统的课堂模式，形成"校校用平台，班班用资源，人人用空间"的学习生态，促进优质教学资源的有效共享；按照"展示、观摩、评论、研讨"四位一体的建设理念，有机融合直播课堂、智能评价和网络研修，改变校本研训的传统方式，经过磨课、研课、反思等实践环节，促进了教师智慧积淀，全面提升了教师和学生的信息素养，促进城乡教师共成长。

创新创客课堂的工作机制，打造了以局长巡课、协同教研、深化调研为主要形式的帮促团队，实施每天一展示、每周一评论、每月一研讨、每年一观摩的混合研修，开展达标考核、优课评比等激励评价，促进天天智慧课堂应用的常态化，为"互联网＋义务教育"的可持续发展开辟新路径。

创客教育的开展，丰富了校本课程。创客教育让学生动手造物，将奇思妙想变为现实，帮助学生了解、学习和掌握尖端科技，激发他们对未知领域的探究欲，从小培养他们的创新能力、创造性思维。同时，团队协作完成项目的教育教学方式，教给了他们善于合作的宝贵精神。

"互联网＋创客"教育系统平台不仅具备线上比赛的功能，还具备学生作品展示的功能，为德清科技节的人工智能比赛提供了演练基地。优秀的学生作品在平台相对显著的位置被展示和演示，一方面可以鼓励创作优秀作品的学生在创客学习上投入更多的精力，另一方面也可以激发其他学生参与创客活动的兴趣，真正营造出"创客"的文化与精神。

本案例由德清县教育保障中心提供，执笔人：邵永华

第三节　智能绘制学生成长画像

>> **内容导图**

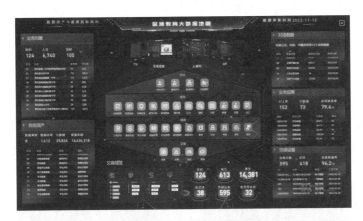

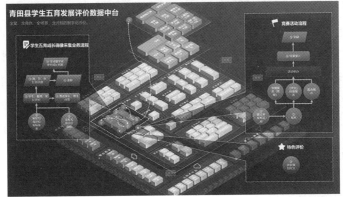

一、背景与问题

为深入贯彻《深化新时代教育评价改革总体方案》《浙江省深化新时代教育评价改革实施方案》《浙江省教育厅关于小学生综合评价改革的指导意见》等文件精神，树立科学的教育评价导向，落实德智体美劳"五育"并举，促进学生健康全面发展，青田县立足县域学生"五育"工作实际，抢抓数字化改革的发展机遇，充分利用人工智能、云计算等新一代信息技术，融合平台建设，强化过程管理，实施分项等级评价，构建了集数据无感采集、记录、分析于一体的学生成长画像智能模块，"全息、全过程、全元素"记录学生成长变化，构建学生成长智能立体画像。

二、思路与做法

(一) 总体思路

构建"12345"学生成长画像架构体系，其中"1"指的是一个学生成长画像智能模型，"2"指的是两个服务端（"钉钉"和"浙里办"），"3"指的是绿色学业、成长活动、成长画像三大应用场景，"4"指的是学生、教师、家长、社区四大评价主体，"5"指的是学生"五育"发展数字画像。

(二) 建设实践

1.构建一个画像模型

以习近平新时代中国特色社会主义思想为指导，全面贯彻党的教育方针，坚持正确办学方向，坚持"五育"并举，树立科学成才观。聚焦学生发展核心素养，建立面向全体学生、体现素养导向、强化过程体验、激发主动学习的学生成长画像模型。形成实施素质教育长效机制，切实转变学校育人方式，促进学生健康、全面发展，既涵盖了学生素养提升的德智体美劳各个方面，有利于科学育人，人人成才；又涵盖了学生不同阶段接受不同教育的学习情况，有利于系统培养，终身学习；还整合了纵横评价，聚焦到学生整个人，有利于回归人本，促进人的幸福生存和可持续发展，努力办好侨乡人民满意的教育。围绕学生成长画像重大改革和重大需求，按照"V"字模型开展业务梳理和综合集成，打造涵盖日常评价、作业在线、智慧食堂、德育管理、家校共育、智慧劳动等21个子场景的应用。

2.建设两个服务门户

基于"教育魔方""IRS（一体化数字资源系统）"等服务平台，建设"钉钉"和"浙里办"两个服务门户。学生、家长、教师都可以通过这两个服务门户了解信息，进行评价、反馈等操作。

(1) 单点登录

建设SSO（单点登录）认证授权系统，调用"浙江政务服务网"个人单点登录组件，打通"教育魔方"，实现用户登录统一管理和多个账户信息统一管理，教师和家长既可以用"钉钉"账号登录，也可以用"浙里办"账号登录，实现无缝衔接。

(2) 数据互通

联动公安、民政、卫健、侨办等13个部门，打通"入学报名""中小学学籍系统""课后托管""社区研学"等九个系统，实现数据共享，提升工作实效。破解各应用系统的"信息烟囱"，充分发挥大数据的技术治理效能，建立大数据支撑平台和数据互通保障机制。

（3）反馈及时

教师在日常评价、值周管理等子场景对学生进行评价并推送到家长手机端，使家长第一时间了解孩子动态，家长可以通过"浙里办"反馈孩子在家学习、家务、运动等情况，家校共育形成合力。

3.构架三大应用场景

（1）绿色学业

学习档案强调能力培养，以学生原有的学习储备和个体特征为起点，记录成长轨迹。利用人工智能、物联网等信息技术跟踪和监测学生学习全过程，采集课堂共享平台、网络阅卷、网络学习平台、课堂考勤、课堂表现、历次考试、作业练习分数等数据，建立学生线下/线上、校内/校外学习和活动的成长档案，全面记录和追踪学生校内外的成长轨迹，强调评价的诊断功能、激励功能、预测功能、调节功能等，发现其潜质和不足，服务学生全面发展和个性成长。利用定制算法对每一位学生进行学习预测，了解其知识偏好、能力缺陷、发展目标等内容，以辨别其是否存在学习困难的可能。通过监测学生可能存在的学业风险，精准提供习题、微课等个性化的帮助，为学生学习"减负提质"。

（2）成长活动

解决破除学校评价学生时"只见分数不见人"的难题，以综合评价为有力抓手，完善德育评价、强化体育评价、改进美育评价、加强劳动教育，促进学生全面而个性化发展。健全学生评价综合指标体系，突出品德、能力和素质导向，建立学生综合素质评价模型，通过日常评价、寝室管理、德育评价、教师评语、自我描述、家校共育等应用模块，对学生全面发展状况进行观察、记录与分析，以客观、真实、全面的数据勾勒学生成长轨迹，形成对学生个性品质、专业特长、优势潜能的深度挖掘和专业判断，激励学生积极主动发展、不断取得进步，使学生能够在评价过程中发现自身的个性特长与优势特质，从而展现、成就"最真实而独特的自己"。

（3）成长画像

应用AI（人工智能）、大数据、互联网等现代化信息技术，建立自幼儿园至高中一体化的学生发展目标体系，实施学生立体评价，开展学生各年级学习情况全过程纵向评价。通过巡课系统、电子班牌、竞赛活动、作业作品等应用，无感、主动采集学生课堂学习、实践活动、体质健康、家务劳动、获奖荣誉等成长信息，将学生学习过程资料记录在案，并伴随终身。客观记录学生品行的日常表现和突出表现，把人的发展最深层的能力素养融通起来，制定系统培养方案，推动课程内容、教学方式、学习方法等相互衔接、有序递推，既注重教育的整体性，又注重教育的差异性，更注重教育的关联性。家长可以通过"浙里办"里的教育智慧眼——成长记录，查看孩子的成长画像，还可以一键下载保存（见图3-13）。

图 3-13　学生成长画像

4.融通四大评价主体

青田县始终坚持全员全方位全过程育人机制，2022年组建学生成长数字画像建设专班，依据《中小学生守则》《浙江省深化新时代教育评价改革实施方案》《浙江省教育厅关于小学生综合评价改革的指导意见》等文件精神，结合青田县实际情况，以学生、教师、家长、社区等为四大评价主体，实施学生自评、同学互评、教师评、学校评、家长评、社区评等六个评价环节。

（1）统筹机制

以课程标准为依据，围绕正确价值观、必备品格和学科关键能力，立足青田实际情况，从认知、情感、社会性等方面建立健全评价标准，形成课程、教学、评价相一致的评价体系。建立五个一级指标、21个二级指标、68个三级指标育人机制，贯穿学生成长发展的每个阶段。应用新信息技术，创新育人理念，有效衔接思想道德教育和实践行动，促进"立德树人"根本任务的实现。通过大数据分析，准确了解学生的个性和共性，坚持精准育人，弄清学生真正关心的问题，根据其成长的规律特点优化育人路径、疏通堵点和关节，有针对性地开展育人工作（见图3-14）。

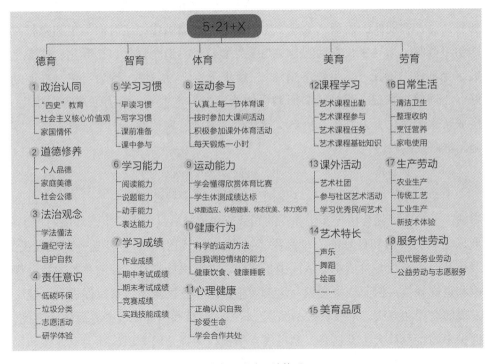

图3-14　学生评价体系

（2）多方联动

基于人工智能、大数据等新信息技术，破除地域、时空等限制，多种教学活动形成联动，把线上与线下、课内与课外、校内与校外等的教学方式进行有机结合，"五育"并举，使"立德树人"贯穿于学生发展的各个环节。破除只局限于校园育人的固化思维，根据学生成长生活的实际，从学生、学校、家庭、社会等各个方面促进学生全面发展。关注显性教育,重视隐性教育,加强理想信念教育和社会主义核心价值观教育。

(3)融合创新

建立教师、学校、家庭、社会全员育人机制,统筹推进、相互补充、协同育人,共同发挥育人的合力。应用信息技术,完善育人监督机制,培养学生知行合一、人格健全。创新协同育人机制,促进学生融合发展。以学校为主阵地,以德育实践为抓手,优化环境育人机制,建立完善的育人课程体系,多学科融合,发挥各学科协同育人功能,实现"课程育人",促进学生全面发展。

5.呈现"五育"发展画像

应用大数据、云计算等技术,无感采集学生的成长数据,经过数据清洗、加权计算,智能匹配模型,生成学生"五育"发展画像,实时向学生和家长推送学习资源,指导家长主动配合参与学生教育,打造个性化、差异化、精准化数字化画像。依托"学生数字画像",聚焦学生学习习惯、行为习惯、兴趣爱好、心理健康状况、学情趋势研判、体能发展、艺术劳动能力发展等多维度,生成学生个性化育人方案,科学引导学校、教师、家长参与学生培育工作,实施精准高效施教。

(1)德育画像

小学:教育和引导学生爱党爱国爱人民,爱亲敬长,养成基本的文明行为习惯,了解中华优秀传统文化和党的光荣革命传统,具备保护生态环境的意识,形成健康的人格和良好的心理品质。初中:教育和引导学生爱党爱国爱人民,践行社会主义核心价值观,认同中华文化,弘扬民族精神,理解基本的社会规范和道德规范,树立规则意识、法治观念,培养公民意识,掌握促进身心健康发展的途径和方法,形成良好的品质。高中:教育和引导学生爱党爱国爱人民,拥护中国特色社会主义道路,弘扬民族精神,增强公民意识、社会责任感和民主法治观念,具备自主、自立、自强的态度和能力,初步形成正确的世界观、人生观和价值观。

(2)智育画像

小学:教育和引导学生掌握各学科课程标准要求的知识与技能,培养学生的学习兴趣、思维能力和实践创新能力,养成良好的学习习惯。初中:教育和引导学生掌握各学科课程标准要求的知识与技能,培养学生学习能力和运用知识解决问题的能力,培养人文素养、科学精神和创新能力。高中:教育和引导学生掌握各学科课程标准要求的知识与技能，以及运用知识解决问题的能力，丰富人文底蕴，尝试借助不同的媒介进行研究性学习，形成一定的创造性成果。

（3）体育画像

小学：教育和引导学生体测成绩达标，掌握体育与健康的基础知识、基本技能与方法，增强体能，积极参与体育活动，养成良好的体育锻炼习惯。初中：教育和引导学生体测成绩达标，学生个体体能获得全面协调发展，掌握运动项目的基本知识，学练运动项目的技术和战术，学会运用健康与安全的知识和技能，形成健康生活的方式。高中：教育和引导学生体测成绩达标，学生个体体能水平显著提高。培养学生体育特长，使学生学会1～2项运动技能，掌握健康与营养、科学锻炼的相关知识。能够运用所学运动知识、技能和方法参加与组织体育展示和比赛活动，具有运动欣赏能力。树立健康观念，形成健康文明的生活方式。

（4）美育画像

小学：教育和引导学生积极参与创作、表演、制作等艺术实践活动，初步掌握演唱、演奏、绘画等艺术表现的基础知识和基本技能，初步了解音乐、美术表现要素及表现作用。初中：教育和引导学生乐于参与多种艺术表现活动，能通过艺术作品表达自己的情感和文化理解，能运用合适的创作技法进行艺术编创，具有一定的表现力和独创性，能对艺术作品进行较为细致的赏析。高中：教育和引导学生主动参与艺术活动，运用适当的材料媒介及艺术形式法则，发挥想象力，进行有个性的艺术表现与创作。了解不同地区、民族和国家的历史和文化传统，尊重文化多样性，增强文化自信。掌握1～2项艺术特长。

（5）劳育画像

小学：教育和引导学生掌握日常劳动的基础知识、基本步骤与操作方法，在劳动体验中懂得人人都要劳动的道理，在力所能及的劳动实践中体验劳动的艰辛和快乐。初中：教育和引导学生比较熟练地运用家政技能，提高生活自理能力。通过持续参与日常生活、生产、服务性劳动中理解劳动创造美好生活的道理，增强家庭责任意识。高中：教育和引导学生增强生活自理能力，提高创意物化能力和生涯规划能力，养成严谨专注、精益求精、吃苦耐劳的品质。

三、特色与成效

一是建构德智体美劳"五育"立体雷达图，多维呈现综合评价画像。以青田县中小学学生"五育"全面发展评价办法为参考，常态开展智慧教学，收集上传学生课前、课中、课后过程性评价数据，构建学生"五育"数字成长画像，全方位分析周、月、学期、学年的横向与纵向发展变化，生成"五育"雷达图，立体呈现学生在校表现、活动参与、获奖荣誉等情况，推动分数评价转向综合素质评价。

二是搭建"无感采集"数据库，一站生成在校动态画像。建立"一源输入多元使用"应用机制，联动公安、民政、卫健等13家单位，共享省、市、县、校四级基础信息数据，搭建"智安校园""智慧食堂""体质健康"等21个应用模块，无感采集智慧巡课、网阅等13个应用系统数据，集成打造汇聚学习活动、运动竞赛、身心健康等信息的个人动态数据库，立足客观数据生成学生在校动态画像。

三是畅通"家校联通"云路径，便捷提供成长轨迹画像。针对留守儿童难题，搭建家校"一对一沟通"平台，全面共享学生评价数据，通过数据详细诊断自动抓取异常指标进行红色预警，智能推送教育跟进建议，学校、家长线上线下协同解决问题，形成家校共育合力。有力破除升学档案流转障碍，融通学生从幼儿园至高中阶段的成长数据，形成在校各阶段动态轨迹画像，家长可即时查询、一键下载，以"数据跑路"换"师生跑腿"。

四是打造开放共享、泛在可及、可见可溯的教育服务平台。满足因材施教、个性化学习和家庭教育需求，促进教师专业成长和学生全面发展，大幅提高学校、家庭和社会的共育水平，有力支撑智能服务、精准管理和科学决策，实现教育整体智治，教育质量迅速提高。

五是构建一套山区特色的教育评价新体系。依据县情、校情，制定了科学合理、具有山区特色的学生评价体系，将学生纵向学习的全过程与横向发展的全要素整合起来，进行更全面、更客观、更科学的评价，打造教育智慧眼应用，构建学生成长智能立体画像。

本案例由青田县教育局提供，执笔人：林俊杰　周　晓　李锡可　张京丽　叶　妙

第四节 "汇学e生"：未来社区终身学习新场景

内容导图

洞头区"汇学e生"终身学习服务平台

业务层展现	浙政钉	浙里办	PC端

业务应用体系

邻里学堂 / 人人网校 / 学习地图 / 热点兴趣 / 成长中心

青少年四点半课堂 | 家长亲子课堂 | 渔民职业课堂 | 老年常青课堂 | 之江汇教育广场 | 国家中小学智慧教育平台 | 浙江学习网 | 洞头公问题服务平台 | 百岛洞头 | 机构地图 | 场馆地图 | 活动地图 | 课程推荐 | 兴趣推荐 | 活动推荐 / 学习计划 | 学习课表 / 证书系统 | 证书系统 / 积分系统 | 洞头学码 / 个人信息

应用支撑体系

内容管理系统 | 数据治理系统 | 线上线下学习系统 | 积分兑换系统 | 精准推送系统

资源管理系统 活动管理系统 证书管理系统 课表管理 | 大数据驾驶舱 区域学习分析 用户画像分析 | 直播系统 点播系统 考证系统 线上线下学习场景管理系统 | 积分兑换体系 系统积分体系 互换体系 | 推送系统 学习成果分析 学习历程

数据资源体系：用户基础数据 | 资源课程数据 | 洞头区教育大数据 | 教育魔方

基础设施体系：互联网 政务云 ECS RDS OSS等基础资源

政策制度体系 | 标准规范体系 | 组织保障体系 | 网络安全体系

一、背景与问题

终身学习是指学习型社会的每个成员都要"活到老、学到老"。习近平总书记指出，"要完善全民终身学习推进机制，构建方式更加灵活、资源更加丰富、学习更加便捷的终身学习体系"[①]。党的二十大报告提出"推进教育数字化，建设全民终身学习的学习型社会、学习型大国"[②]的发展目标。这些重要的论述为当前面向社区的终身学习数字化、融合化、体系化发展指明了方向。

传统社区教育存在学而无痕、个性缺失、信息不畅、资源分散、无系统性等不足（见图3-15）。2018年以来，洞头区社区教育工作稳步推进，逐步形成了浙江省示范学习型社区。经过前期多轮需求调研，结合社区居民的高频学习需求，如满足学生课后服务、老人精神文化需求、成人职业技能培训、家长智慧教育等，洞头区教育局牵头构建了"汇学e生"应用平台，旨在搭建覆盖全区的社区智慧学习协同场景，使数字赋能未来社区教育。

---

① 习近平. 在教育文化卫生体育领域专家代表座谈会上的讲话[N]. 人民日报，2020-09-23（2）.

② 习近平. 高举中国特色社会主义伟大旗帜 为全面建设社会主义现代化国家而团结奋斗——在中国共产党第二十次全国代表大会上的报告[R]. 北京：人民出版社，2022：34.

学而无痕
对个人学习成长经历缺少记录、规划与激励。

无系统性
贯穿各年龄段的终身学习教育的
平台缺失，居民学习没有系统性。

个性缺失
个性化学习、实践资源不能及时推送。

资源分散
各类优质教育资源分散，居民查找学习资料困难。

信息不畅
各类学习、实践、服务站点信息和活动信息不通达。

图 3-15 传统社区教育存在的不足

二、思路与做法

（一）总体思路

"汇学e生"终身学习服务平台是浙江省教育厅公布的第二批数字社会未来教育重点场景先行建设的试点项目，也是洞头区响应省市未来社区建设和数字化改革政策要求推出的专题项目。项目建设围绕开放共享、融会贯通的数字化学习理念，构建"1+3+5+N"教育服务体系，整合"浙学通"等共建共享智能数字中心，以"浙里办"为入口，联动社区学院、七所社区学校和东屏街道半屏社区分校等进行线下试点，打造线上线下相结合的未来社区终身学习新场景。

（二）建设实践

围绕"三张清单"，按照"V"字开发模型，对未来社区教育服务进行任务分解与功能集成（见图 3-16），细分需求与优化供给一起启动，公共服务与社区治理并行，最终实现未来社区教育多跨、协同场景应用。

1. 一个教育大脑，融合数据与模型

在数字社会"四横四纵"+"两掌系统"①基础上，依托浙江省"教育魔方"和洞头区教育大数据平台，通过大数据、云计算、人工智能等技术手段，对"汇学e生"终身学习服务平台运行中的各类数据进行全面感知、精准分析、深度整合，构建资源匹配查询、学习偏好分析、成果指数评价等模型，对社区居

---

① "四横"分别指基础设施体系、数据资源体系、应用支撑体系和业务应用体系，"四纵"分别指政策制度体系、标准规范体系、组织保障体系和网络安全体系；"两掌"指"掌上办事、掌上办公"。

民各方面和各层次学习需求作出个性化推送、预警、趋势预测等响应，优化配置与融合平台相关的人员、场地、资源等公共资源，形成全民数字化学习服务机制。

序号	主要问题	机制举措	典型场景	突破创新点	成效
❶	各类优质教育资源分散，居民查找学习资源困难。	汇聚我国教育领域各类平台及头部机构的大量优质的学习资源，满足居民日趋旺盛的对优质教育的选择性需求。	人人网校	建立数据开放标准、应用接入标准；建立基于高德地图的教育资源动态分布地图；建立基于数据的个性化资源推荐系统。	实现学习成果的价值转换，学习积分及积分转化制度。
❷	贯穿各年龄段的终身学习教育的平台缺失，居民学习没有系统性。	为居民全生命周期的各个不同阶段提供对应的学习资源，需要结合社区、乡村及社会各类公共文化部门等资源，系统性地解决全民终身学习教育的民生问题。	邻里学堂		打通社区居民和教育资源服务的"最后一公里"，融合各社会部门、单位、机构参与到社区教育中来。多跨协同，打破了原有交通、公安、城管等单位宣教工作的制度与方式。
❸	各类学习、实践、服务站点信息和活动信息不通达。	需要对共享学习空间资源、活动资源进行统一的线上管理，为居民提供就近的学习场所、社区服务、实践等多元化的学习教育服务。	学习地图	重塑群众获取区域教育资源的渠道，重塑教育资源的管理方式，重塑学习激励方式，利用积分系统、证书系统等激发群众的学习热情。	
❹	个性化学习、实践资源不能及时推送。	居民需要对个性化学习、活动的有针对性推荐，优质资源需要及时推送。	热点兴趣		实现社区居民利用业余时间通过线上、线下自主学习完成职业技能考试，并获得社会认可的职业技能证书。
❺	对个人学习成长经历缺少记录、规划与激励。	为居民终身学习教育的成长之路提供了记录，促进有目标、有计划的学习，提高学习的效率，对学习与实践给予积分奖励，通过学习码打通全省学习的场景。	成长中心	突破数据壁垒，实现跨部门、应用、层级的数据协同，基于数据分析反馈的线上线下协同工作机制。	

图3-16　未来社区教育服务任务与功能

2.三端应用对象，集成服务与治理

（1）服务端

服务端在"浙里办"平台的"学在浙江"上架，并接入"微信"小程序和"钉钉"基础版。社区居民、学生与教师通过平台可查看资源信息，可完成在线报名、在线培训、课程评价等基础功能操作；用户端还推行"约课申请""达人招募""积分兑换""扫码签到"等特色功能应用，让学习者有参与感与获得感。

（2）管理端

管理端集成了资源上传、活动发布、信息审核、定向推送、数据统计等基础功能，借助数字化工具减轻基层治理的工作量。如社区管理员通过分析居民垃圾分类的得分数据，有针对性地向需求人群推送垃圾分类学习资源；如通过在线学习交通知识，为违章人员减轻驾驶证扣分。

（3）治理端

治理端以驾驶舱的形式呈现，为相关部门提供精准数据分析。区教育局、社区学院做好学校信息、场馆信息、师资信息、报名信息、课程信息等的一体化管理，动态监督学习活动运行状况，为社区教育决策管理提供参考。区人力社保局、区民政局、经信局、工会、妇联、各街镇等部门按任务分工做好课程资源、教育信息等的保障，区社教学办对各部门资源提供及学习应用情况进行评估反馈。

3.五大应用场景，兼顾线上与线下

平台与浙江省"教育魔方"、洞头区教育大数据平台实现数据贯通，围绕邻里学堂、人人网校、学习地图、热点兴趣、成长中心五大应用场景进行细分架构（见图3-17）。

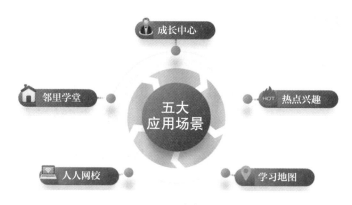

图3-17 五大应用场景

（1）邻里学堂

整合党群服务中心、社区综合文化中心、社区书房、文化礼堂等线下公共空间，针对不同年龄的人群开设五类课堂。①"青少年四点半课堂"，响应国家"双减"政策，提供学校"乡村少年宫"下午放学后课后服务和社区"文化礼堂"周末托管服务，缓解城乡家庭孩子托管问题。②"老年常青课堂"，在各街镇和村社分别增设老年学校和老年学堂，开设"常青课堂"，通过观看远程视频、线上点播等方式，不断满足老年人群的精神文化需求。③"家长亲子课堂"，借助"之江汇"教育广场、国家中小学智慧教育等平台，引领中小学（幼儿园）创建"数字家长学校"，创设校内家庭教育基地，为家长们举行家庭教育讲座或教学开放活动。④"渔民职业课堂"，通过聚焦海岛特色产业，区人力社保局、文广旅体局、教育局等10部门联合开展"社会人员职业培训展翅行动"（见图3-18），自主开设旅游休闲、家政康养、乡村发展、企业蓝领、社区管理等五类课程，这些"海+"培训课程彰显了海岛特色，成为平台拓展的特色资源。⑤"生活邻里课堂"，鼓励社区居民自主推送合理、有趣的生活技能或文艺微视频或课件，经平台管理端审核后推送至"生活邻里圈"共享交流，以增加用户的黏性。邻里学堂的五类课程资源由区教育系统与多部门协同提供，为激发单位与个人的学习积极性，区教育局、社教办定期开展社区教育特色课程资源的征集评选与认定奖励。

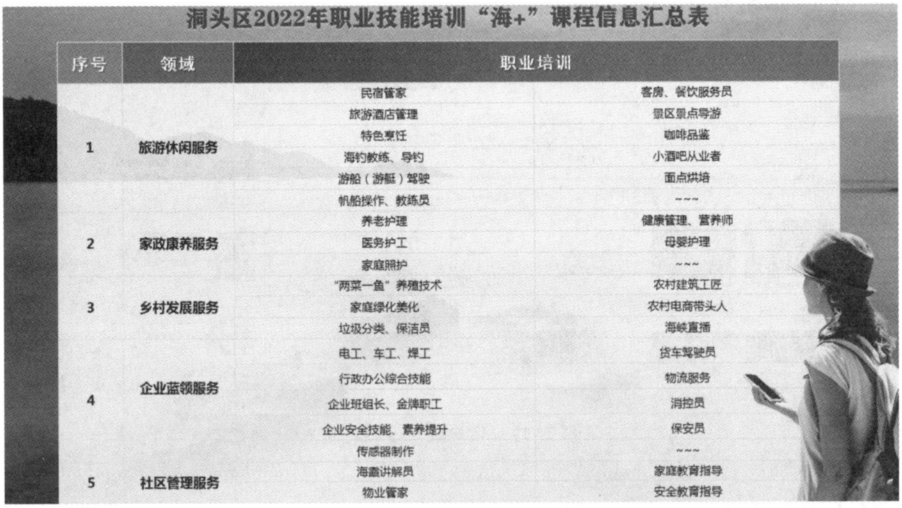

洞头区2022年职业技能培训“海+”课程信息汇总表

序号	领域	职业培训	
1	旅游休闲服务	民宿管家	客房、餐饮服务员
		旅游酒店管理	景区景点导游
		特色烹饪	咖啡品鉴
		海钓教练、导钓	小酒吧从业者
		游船（游艇）驾驶	面点烘培
		帆船操作、教练员	~~~
2	家政康养服务	养老护理	健康管理、营养师
		医务护工	母婴护理
		家庭照护	~~~
3	乡村发展服务	“两菜一鱼”养殖技术	农村建筑工匠
		家庭绿化美化	农村电商带头人
		垃圾分类、保洁员	海峡直播
4	企业蓝领服务	电工、车工、焊工	货车驾驶员
		行政办公综合技能	物流服务
		企业班组长、金牌职工	消控员
		企业安全技能、素养提升	保安员
		传感器制作	~~~
5	社区管理服务	海霞讲解员	家庭教育指导
		物业管家	安全教育指导

图 3–18　社会人员职业培训课程

（2）人人网校

一方面依托上级数字化学习平台赋能，接入“浙学通”“国家中小学智慧教育”“之江汇教育广场”“浙江学习网”“百岛洞头”“洞头公共文体服务”等平台资源，实现跨系统资源贯通；另一方面由区教育局、区社教办、社区学院牵头组织中小学、幼儿园及社区学校、培训机构积极研发推送各类特色的课程与活动。

（3）学习地图

分设场馆地图和活动地图；用户在平台可查看洞头区域内所有学习场馆及开展的活动，线下活动、线上报名，实现线下与线上学习空间的融通。

（4）热点兴趣

开设推荐课程与推荐活动，平台基于千人千面的大数据精准推送系统，通过用户标签和视频标签等，为学习者推荐感兴趣的学习课程与活动。

（5）成长中心

分设学习记录、学习时长、证书系统、积分系统、个人信息等；用户在平台可建立个人学习计划与学习课表，可线上线下咨询交流，还可通过学习与实践获取积分奖励,通过"洞头学习码"打通省域内数字学习场景(见图3-19)。

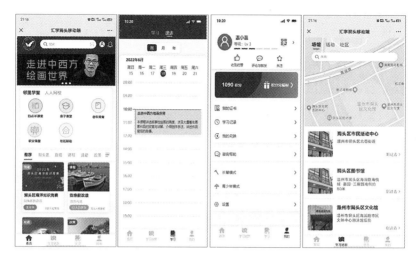

图 3-19　用户成长中心界面

4. N个特色功能,凸显成果与价值

(1)"达人招募"

不定期开展社区教育特色课程、终身学习活动品牌、学习型社团的组织评选,并发布社区教育讲师团教师招募通知,从而吸收社区教育项目获奖者、机关企事业骨干、党员干部、中小学教师、退休职工、社区达人等为社区教育讲师团成员。

(2)"积分奖励"

建立学习积分奖励制度,对接浙江开放大学"学分银行",实时推送学习数据,记入个人终身学习档案,支持存储、认定、转换和兑换;参与跨部门使用,可兑换乡土特产、医疗服务、公共交通、文旅门票、移动话费、积分入学与养老等商品或社会服务。

(3)"扫码学习"

为每位学习者生成"洞头学习码",并与"浙学码"打通,实现省域内唯一的"教育身份证",显示其可信数字身份,实现校内外场所的学习经历都能得到完整记录,并形成学习档案;尤其是"洞头学习码"的使用,可有效避免中小学生不能用手机、老年人不会用智能手机的问题。

三、特色与成效

（一）应用特色

经过几年的探索与实践，洞头终身学习逐步形成了以下特色。

一是运用技术，挖掘数据价值。建立数据开放标准、应用接入标准；建立基于高德地图的教育资源动态分布地图；建立基于数据的个性化资源推荐系统。基于大数据、云计算、人工智能等技术，构建基于居民学习画像的教育资源供给体系。

二是数字赋能，重塑服务机制。重塑群众获取区域教育资源的渠道，重塑教育资源的管理方式，重塑学习鼓励方式，利用积分系统、证书系统等激发群众的学习热情。

三是数据协同，实现多跨治理。突破数据壁垒，实现跨部门、跨应用、跨层级的数据协同，通过数据驾驶舱与治理系统实现社区共同价值观的重塑，推进社区多跨治理。

（二）服务成效

2022 年 9 月，"汇学洞头·智享未来"未来社区终身学习场景参加"移动 5G 杯"温州市第二届教育领域数字化改革应用创新大赛，荣获一等奖第一名；"汇学洞头·智享未来"应用案例在温州教育发布，有关数字化学习简讯在区级以上报道。

自 2022 年初项目启动以来，洞头区教育局出台了《关于成立教育领域数字化改革领导小组的通知》《洞头区未来社区教育重点场景数字化改革试点实施方案》《2022 年教育领域数字化改革工作要点》《洞头区加快社区（老年）教育发展的实施意见》《洞头区社区居民学习积分奖励办法》等系列文件；开展了全区社区教育特色课程和终身学习活动品牌征集评选，共征集近 200 个微课视频或课件，遴选了 12 个终身学习活动品牌，创建了九所等级社区分校，组建了一支服务于各类人群学习需求的社区教育讲师团。社区学院、社区学校充分整合教育资源，开设智能手机、手工制作、声乐舞蹈、棋类书画、传统文化、海霞精神等公益培训。

本案例由温州市洞头区教育局提供，执笔人：郭海辉　林攀术　郭海生　陈松财　杨建军

第五节 服务可视化赋能教育公平发展

≫ 内容导图

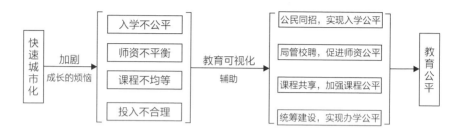

一、背景与问题

义乌是浙江首批教育强市,素有"文化之乡"的美誉,有勤耕好学、尊师重教的优良传统。近年来,义乌以"办人民满意教育"为目标,教育事业呈现持续健康发展的良好态势。但随着经济迅速发展,城市急剧扩张,外来人口大量涌入,给义乌的教育带来了巨大的挑战。为实现"有书读",义乌市大力拓展教育资源,努力解决"新义乌人"子女的入学问题。但"有书读"要向"读好书"迈进,还必须解决教育公平存在的四个方面问题。

一是入学不公平问题。新老学校存在的教育发展差距,容易催生无序择校和招生腐败等现象,造成入学上的不公平。

二是师资不平衡问题。学校间的城乡经济差距、区位差异,使得优质教师不断被位于中心区的学校虹吸,造成学校师资上的不公平。

三是课程不均等问题。课程是学校教育的核心,直接影响教育公平,学校间的投入差距和师资力量的差异,会造成课程资源上的不公平。

四是投入不合理问题。由于缺乏直观的可视化数据,教育主管部门对于学校的工程审批和设备投资申报,往往存在主观意识,缺少大数据的支撑,因而决策过程和结果存在不科学、不合理现象。

二、思路与做法

(一)总体思路

面对亟须解决的教育公平问题,义乌市通过加大信息化投入,建设一体化平台教育大脑数据仓,并统整招生预警、入学报名系统,城乡教育共同体(简称教共体）系统，教育资源服务平台，装备管理系统等相关数据；从学位分布、入学人数、师资力量、课程资源、办学条件等方面进行数据分析、可视化，应用于教育投入和管理的科学预判。在此基础上，出台相关制度政策，公民同招，实现入学公平；局管校聘，促进师资公平；课程共享，加强课程公平；统筹建设，实现办学公平。这四个方面提升了义乌市教育的区域均衡和优质发展，打造了"商城优教"品牌。

（二）建设实践

1.数据分析，教育服务可视化

在教育管理和教学过程中，并不缺少数据，但这些数据缺少系统的归集分析和可视化应用。义乌市通过统一建设"智慧教育一体化平台"（见图3-20），制定数据标准，形成教育大脑数据仓。同时将招生预警、入学报名系统、城乡教共体系统、教育资源服务平台、装备管理系统的数据接入教育大脑，进行可视化分析，供决策使用。

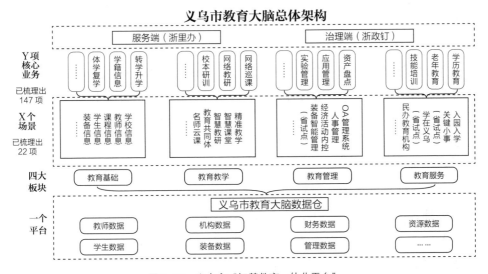

图3-20　义乌市"智慧教育一体化平台"

（1）学位分布可视化

招生工作是一项前瞻性的工作，须提早规划和预设，学位分布的数据掌握极其重要。义乌市教育大脑的招生预警系统数据监控中心，将各个镇街的学位数据可视化呈现。学位分布一张图，哪里学位偏少，哪里需要新建学校，一目了然。这为招生工作提供了可靠的科学预判。

（2）入学人数可视化

除了学位分布分析，入学人数的预警在招生工作中显得尤为重要。义乌市招生预警系统连接了公安户籍系统数据、学生学籍系统数据，将辖区入学适龄儿童数量和辖区学校提供学位数进行智能化比对，用红、黄、绿三色予以提前预警。红黄码表示入学人数超标，绿码表示人数不足。一方面，可以提醒教育部门提前做好学生分流预案；另一方面，可以提醒家长根据预警信息做好学校报名对策，不盲目择校。

（3）师资力量可视化

为摸清全市教育人才的底子，更好地为教育局的人事工作做数据参考。义乌市一体化平台采集全国教师管理平台和人事OA（办公自动化）系统数据，形成关于师资力量的教育基础分析可视图。它从教师数量、年龄结构、职称水平、专业等级、骨干名师等方面，对义乌市的教师师资分布作了全面的梳理，为教育局每年的教师招考、人才引进、教师交流、骨干下乡等工作，提供政策出台的数据依据。

（4）课程资源可视化

基于区域教育资源一张图的理念，义乌市教育资源平台为区域教育资源规划布局，提供决策依据，通过优质资源共享推进教育均衡；通过建设教学空间、资源中心、应用中心、专递课程、名师课堂、名校课堂，实现中心资源的不断汇聚更新。

（5）办学条件可视化

义乌市依托一体化平台教育大脑数据仓，以及市智能装备管理系统、经济内控管理系统数据，通过分析形成学校办学条件全息画像，为教育的继续投入作判断依据。对学校的投入要求，从设备的紧缺度、利用率、产出效益等综合考虑予以批复。把资金投入到最需要的地方，让设备真正用起来。

2.网络同步招生，实现入学公平

在教育数据可视化的基础上精准分析，义乌市出台"公民同招"政策，利用平台实现网络同步招生，从而实现入学公平。"公民同招"政策是指在义务教育阶段取消入学考试，公办、民办学校实行全程公开的网络同步招生，同步录取、同步注册（生源公平）。当民办学校网上报名人数超过招生计划数时，委托义乌市公证处，进行电脑随机派位录取。这样制止少数学校愈演愈烈的违规掐尖招生行为，回归正常的招生秩序，做到了入学招生的公平。

3.数据辅助局管校聘，促进师资公平

通过大数据分析，义乌市实现师资力量分布一张图，辅助局管校聘改革，打破教师校际交流轮岗的"藩篱"，使教师实现由"学校人"向"系统人"转变，从而优化城乡师资配置，力促教育优质均衡发展。

（1）支教跟岗，实现城乡师资均衡

通过数据分析辅助局管校聘的实施，义乌市做到了师资统整，全局一盘棋，优化了人才布局。根据师资力量图，义乌市有针对性地出台鼓励政策，支持城区学校骨干教师下乡支教（见图3-21），享受乡村学校副校长待遇。同时，乡村学校的富余学科教师也到城区学校开展跟岗学习。

图 3-21　稠城二小支教课堂

例如，义乌市稠城一小的教导主任施老师下乡到义乌市苏溪二小任教数学。基于两所学校的不同学科优势，双向互动，她主持开展教共体内的"课博会"，做得有声有色。施老师推门听课，培养青年教师，年轻教师都亲切地笑说："施老师不仅为我们专递课程，现在连自己也专递过来啦！"

（2）网络名师工作室，引领品质教研

义乌市在教育研修院领头建构了一批高质量的网络名师工作室，利用名师资源开展网络"品质研修"，加快青年教师的专业成长。

该团队以项目制管理为抓手、以网络名师工作室为引领、以区域学科研训共同体为补充、以教育联盟和教师发展学校为延伸、以各校校本研修共同体为主阵地的五级培训管理体系，形成"部门合作、市校联动、联盟互通、校本落实"的"品质研训"运行机制。

作为研修工作引领，义乌市教育研修院先后制定了名师工作室管理办法、名优教师考核细则，每年为教师培养投入专项资金共计500万元，从资金和制度方面有效保障了名师引领下的在线品质教研的打造。

（3）城乡同步教研，促进教师专业发展

为了促进乡村教师的专业发展，义乌市利用智慧共享教室开展城乡一体化的同步教研。在"互联网+技术"的加持下，农村和山乡教师再也不用为参加教研活动而翻山越岭，远程就能享受到和城区教师一起参加教研的"同步之乐"。而城区校骨干教师的先进教学理念，也能够透过屏幕下沉到薄弱地区，从而促进农村教师的专业发展。

4. 课程共享，加强课程公平

（1）同步课堂，实现城乡同上一堂课

"哇，变了变了，太神奇了！"

"闻到了，焦糖的味道！"……（见图3-22）

图3-22　义乌市经济开发区学校与鹤田小学科学同步课堂

"现在，我们的学生可喜欢上科学同步课了。"说起与义乌市经济开发区学校结对的事，鹤田小学科学教师黄锦波感叹道："从备课到上课再到课后反思，我全程参与，受益匪浅。两校积极开展以同步课堂为主抓手的系列活动，携手打造同步品质课堂，真正实现了校际合作共赢。"

义乌市自2009年起就开始探索集团化办学，2020年成为省级"互联网+义务教育"试验区，2021年起在推进集团化办学的基础上，不断深化城乡义务教共体建设，至2022年8月共有义务教育阶段公办中小学100所，中小学教共体100所，实现了县域100%全覆盖，其中更紧密的融合型、共建型城乡教共体89所，占89%。

（2）专递课堂，实现名优课堂送下乡

立足学科基地校和精品微课程，义乌市的教共体学校开展了名优课程的专递。在保联小学举办的"互联网+义务教育"的现场会上，学校间就专递课进行了现场赛课。两校孩子共同学习了"比赛中的数学奥秘"，演绎了专递课堂的风采。

保联小学将在基地校中提前录制的精品微课作为课前的导学，专递到楂林小学，孩子们看了微课后做相配套的练习（见图3-23）。然后根据练习中的疑点进行探究，利用平板设备动手操作，直观感知，揭开解集合图的秘密。后利用教学助手进行学以致用的在线检测，数据更精准地分析两地的教学。

图3-23　保联小学和楂林小学专递课堂现场

（3）名师云课，实现优质资源城乡齐共享

以平台为载体，深度挖掘义乌市名师资源，引领全民学习。义乌市教育研修院发动全体教研员和50个网络名师工作室，带领1000多名骨干教师，在全市开展了"好学义乌 名师云课"的创建活动。该资源供全市中小学、幼儿园师生开展网络点播学习。在义乌市的几次新冠疫情封控期间，这些资源成了师生开展网络学习的"定海神针"。

在学生居家网络学习期间，平台还与义乌市融媒体中心、中国电信、中国联通、中国移动等多家平台进行了同步，有力地支持了"停课不停学"活动。

三、特色与成效

义乌市通过加大教育信息化投入，数字赋能教育均衡，形成了达成教育公平的新范式。在此模式下，义乌市通过"阳光招生"从源头上杜绝了生源分配不公的问题，同时每年落实 15% 的城区骨干教师下乡支教，2022 年骨干下乡超过 20%，实现了学校生源和教师配备的均衡化。

同时义乌市推进优质教育资源共建共享，集聚全市名优教师的智慧，建成"好学义乌 名师云课"，共设 257 个专辑 3739 节网课，为全市中小学、幼儿园开设网络点播。

义乌市教育信息化工作加快了区域教育的整体现代化，共创成 12 所省现代化学校，总量居全省前列。2020—2022 年，义乌市的教育信息化应用案例共获得 3 个国家级奖项，30 余个省级经典案例。同时，义乌市继续深化集团化办学，利用"互联网+"手段，推进城乡教共体建设，激活了乡村薄弱学校的办学动力，义务教育阶段实现了从"有书读"到"读好书"的质量转变，整体打造了"商城优教"品牌。

本案例由义乌市智慧教育中心提供，执笔人：宋荣罡　王海平

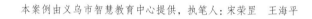

第六节 融入体系提服务，创新模式促变革

> 内容导图

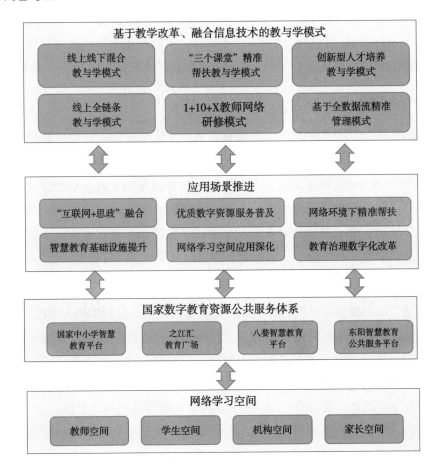

一、背景与问题

东阳市教育瞄准"三个问题"，即"如何让孩子们在共同成长的基础上实现个性发展？如何提供更多优质教育资源，最大化满足学生日益增长的学习需求？如何进一步促进区域内教育均衡，让东阳乡村学生、'新东阳人'子女与东阳城镇学子一起上好学？"，明确了"以信息化破解东阳教育发展难题，迎接东阳教育发展新挑战"的战略思路，确立了"教育信息化支撑和引领东阳教育现代化"的发展理念，全面实施东阳市智慧教育行动计划。东阳市积极探索研究信息技术与教育教学的全面融合和创新应用，充分利用信息技术共享更多优

质教育资源,支撑学生的个性化学习和创新型人才培养。推进"互联网+义务教育"城乡学校网络结对帮扶全覆盖,促进城乡学校育人模式转型和区域内学校共同发展,构建东阳市智慧教育教与学新模式。东阳市充分依托大数据推进教育治理数字化改革,提升东阳市教育的治理能力与治理水平;完善智慧教育推进的经费、人员、管理和应用的有效机制,不断推进东阳市教育优质均衡发展,构建东阳市教育良好生态,为办"人人向往的东阳教育"而努力奋斗。

二、思路与做法

东阳市按照"全国一体系、资源体系通、一人一空间、应用促教学"的基本思路,全面融入国家数字教育资源公共服务体系,全面落实"立德树人"根本任务和支撑构建德智体美劳"五育"并举教育体系,全面实施智慧教育基础环境提升、网络学习空间应用深化、教育治理数字化转型、"互联网+思政"融合、优质数字资源公共服务普及和网络条件下精准帮扶等六大项目,全面提升利用信息技术服务教师教学、学生学习和校长管理的能力与水平。

(一)实施智慧教育基础环境提升项目

启动东阳市教育城域网升级改造项目,建成万兆光纤到学校、虚拟5G网络为补充的新网络;与电信运营商合作,升级完善和改造了东阳市教育云数据中心和东阳市智慧教育公共服务平台。同时,建设可重构、可连接、可兼容、可记录的智慧型新型教学空间和"物联网+"中小学劳动基地,实现创新实验室和录播教室全覆盖,为新型教与学模式的探索和研究提供环境支撑。

实现三项整合,重构智慧型网络学习空间。一是平台与平台的整合,东阳市通过同构互联、实体映射,实现与国家级、省级平台无缝对接;二是平台与系统的整合,实现以网络学习空间为中心入口,单点登录、跨系统应用;三是平台与设备的整合,将录播教室、校园电视台、智能摄像头等统一接入。通过三项整合,增强网络学习空间的功能,提升空间的服务能力,使之成为资源共享、信息聚合、应用导航、社区交流和个人展示等五大中心,初步构建了"人人皆学、时时能学、处处可学"的智慧教育应用新环境。

有序推进智能联动、共建共享、校校有特色的东阳市中小学智慧教育创新实验教育体系建设,形成"1+5+X"推进模式:"1"即依托设于东阳中学济慈科学院的东阳市中小学智慧教育创新实验中心;"5"即在五个中心镇设立五个智慧教育创新实验分中心；"X"即在全市设立若干个"智慧教育创新实验基地学校"。该模式通过网上预约系统，打破班级、学校、学段的限制，为有需求的学生开展自主探究学习提供支撑和个性化服务。

（二）实施网络学习空间应用深化项目

在推进网络学习空间常态化应用的基础上，东阳市进一步丰富空间应用。一是"空间＋日常学习"。学生课前通过教师在空间发布的导学案，开展有针对性的预习；课中利用数字化学习终端通过空间开展分层学习；课后以空间为主要载体的课外辅导体系，帮助学生实现跨校、跨班实时或非实时答疑。教师通过空间的聚合信息开展教学评价，提高学生学习的有效性和针对性；学生通过空间选择自己喜欢的社团活动，打破年级、班级的限制，与志同道合的同学一起学习、共同提高。二是"空间＋研究性学习"。学生通过空间开展探究性的合作学习，极大激发了学习兴趣，有效地培养了观察、分析与协作等能力。如东阳市江北中心小学通过空间开展"水润"研究性课程学习，学生开展水培研究，创建水培项目1万多个，发表日志10万余条（其中图文视频类约5万条，研究报告约2000份）。该校还与东阳市堤莲湖小学的学生开展水土培植物的对比研究。三是"空间＋假期自主学习"。从2013年开始，东阳市在每年的寒暑假及中考前假期开展名师网络公益课堂，供全市中小学生开展自主学习。2021年，共为全市七、八、九三个年级学生免费提供167节公益课，学生自主参加学习235603人次，有效地扩大了优质资源覆盖面。四是"空间＋备课"。教师通过空间开展网络备课，逐级优化教学设计，为深入研究教材节省了时间，更为构建高效课堂做好了准备。如横店一中结对二中、三中的社会学科老师，通过空间在"校内齐备"的基础上，开展"校际协备"，最后由教研员带领做好"专家领备"，完成九年级"道德与法治"网络空间备课，并做全市分享。五是"空间＋教研"。东阳市在市级网络教研的带领下，通过空间有计划地开展基地、乡镇、学校等不同层面的网络教研，形成课堂展示型、主题研讨型、视频点播型等网络教研模式，使老师们足不出户参与教研，缓解了工学矛盾，促进了老师们专业化水平的同步提高。

（三）实施教育治理数字化转型项目

东阳市在浙江省"教育魔方"和东阳市城市大脑的基础上构建基于数据的县校一体化智能化综合智治应用，旨在充分利用大数据全面提升东阳市教育整体智治能力和群众满意度，应用探索建立基于教学、管理、生活、健康、环境等维度的县校一体化的教育数据仓储中心，推动教学、安全、资产、能效、生活服务等多场景的数据上云，逐步建立数据分析、挖掘、画像，为学生的行为习惯养成、高效学习提供服务；为教师的高效课堂、精准教学提供服务；为家长全面了解子女的生活、学习情况提供服务；为教育管理部门和学校的科学决策与高效治理提供服务。如：东阳市充分依托城市大脑，推进"入学入园一件事"改革，将义务教育（幼儿园）新生入学招生系统自动与市大数据中心同步，可调取户籍信息、学籍、居住证、房产信息、购房合同、社保信息、企业信息等数据。家长只要通过"浙里办"或"浙江政务服务网"输入孩子的姓名与身份证号后，便可快速完成入学入园报名工作；并通过"电子围栏"预防学区间错报误报，实现"入学入园一件事"全程网络化、无纸化、智能化，实现数据多跑路，家长和学校"零"跑腿。通过入学入园数据的全网络化和流程的全网络化，有效促进了社会公平，促进了东阳市教育良好生态的形成。

（四）实施"互联网＋思政"融合项目

东阳市积极探索融教育培训、管理服务、监督检查于一体的网络思想阵地，形成全方位、全过程网络育人的"大思政格局"。东阳市加速党建、团建、队建工作的观念革新、机制创新，完善基于空间的新型党建、团建、队建开展模式，拓宽工作思路。如东阳市少先队在空间建立了智慧队建模式，从上到下组成了一个金字塔式的少先队资源共享展示模式，各校建立起工作网、联系网、服务网"三网合一"的"网上少先队"，在"红领巾东阳云"前期建设成果的基础上，进一步利用网络学习空间，加速党建、团建、队建工作的观念革新和机制完善，建立以网络化运作为中心的党建、团建、队建制度，共享党建、团建、队建优质资源，探索基于网络开展党建、团建、队建的新模式。又如东阳市平台上线的理想信念、社会主义核心价值观、传统文化、生态文明、安全教育、健康教育等六大方面140多个主题的德育专题课程，全面助力学生核心素养的养成。

（五）实施优质数字资源公共服务普及项目

通过"之江汇教育广场"，实现与国家、省、市、县、校和课堂教与学资源的共享融通，形成以网络学习空间为统一入口的教与学优质资源共享体系，实现了网络学习空间与"互联网＋"教与学大平台的全面融合。

东阳市完成了终身教育学习平台建设，开通了"东阳社区教育"微信公众号，公众号内容涵盖政策法规、历史文化、技能技术、艺术修养、养生保健、心理健康等，面向少年儿童、成人、老年人开展线上继续教育、乡村教育、家庭教育、少儿教育和老年教育。并定期开展"家庭教育公益直播课堂"，全面提升家长法律意识，文化、艺术素养，以及参与家校共育的能力和水平。

东阳市积极开展特色网络课程建设。一方面，鼓励有能力的中小学校开发校本特色网络课程。如"巧手做竹编"是巍山第一小学教育集团巍山校区推出的网络课程，该课程推出后，受到广泛关注，先后有数千名学生通过网络学习该课程，一起读诗、写诗。另一方面，鼓励有能力的教师开设特色网络课程。经过一年的努力，不同学段不同学科优秀教师制作的特色网络课程纷纷在"之江汇教育广场"上线，进一步丰富了本班、本校甚至东阳全市学生的课程需求，如画溪小学曹兰老师的"数学思维拓展"、巍山镇中心小学赵晓庆老师的"巧手做竹编"、吴宁五校吴佳佳老师的"琵琶基础"、市第二实验小学陈刚亮老师的"声律启蒙"、中天初中俞婷老师的"七年级作文同步课堂"、东阳中学许莉慧老师的"英语应用文写作"等等。

（六）实施网络条件下精准帮扶项目

东阳市积极探索"互联网+义务教育"中小学网络结对帮扶新路径，搭建了集城乡同步课堂、教师网络研修、远程专递课堂、名师网络课堂等四种帮扶形式于一体的"东阳同步课堂云平台"。同时，制定了针对这四种帮扶形式的实施规范，如城乡同步课堂要求课表、备课、上课、作业、辅导"五统一"，教师网络研修要求主题、时间、管理、评价"四统一"。远程专递课堂要求适合用、系统用、经常用，名师网络课堂要求多观摩、多记录、多反思。开展了多项特色化结对帮扶实践，如跨区域的城乡学校结对帮扶、集团化结对与公民办结对帮扶。并于2020年5月成为浙江省"互联网+义务教育"实验区，至2022年8月已实现结对92所56对，100%完成乡村学校结对。同时还形成"3345"在线帮扶推进模式，充分利用"互联网+"开展与四川省理县和浙江省磐安县的教育扶贫及"山海协作"工作，其中外国语小学依托该校名师工作室等优质资源与磐安玉山小学常态化开展城乡同步课堂。

三、特色与成效

（一）积极探索实践，构建六种新模式

一是构建基于国家省市县多级教育云平台的"线上线下混合教与学模式"。东阳市完善了在线教育平台的建设，构建了在线教育教学管理、师生应用能力提升、市校班三级在线辅导等三个维度的体系，同时搭建了国家、省、县、校和名师五级一体化课程体系。

二是构建"'三个课堂'精准帮扶教与学模式"。东阳市按照"需求导向、一校一策、精准帮扶、结对共进"策略，选定 1～2 门薄弱学科通过专递课堂、名师课堂、网络教研等方式开展精准帮扶。如吴宁一中和三单中小学，一所是省城镇示范初中，省数字校园示范校，师资力量雄厚；另一所是东阳最偏远的山区校，交通不便，师资力量薄弱。两所学校利用信息技术，通过远程专递课堂、名师课堂和名校网络课堂这三个课堂，开展精准帮扶，促进了教育均衡发展。

三是探索"创新型人才培养教与学模式"。东阳市面向具有科学家潜质的青少年群体，通过建立网上名师大课表，开设名师大课堂，推进名师资源、实验设备和实验成果共享的创新型人才培养的新型教与学模式。如在吴宁一中建设全省最先进的中小学智能机器人活动中心，全市学校都可打破校际和学段限制，通过网上预约，参与中心各项活动。

四是构建基于网络学习空间的网上组班、授课、作业、辅导和评价的"线上全链条教与学模式"。如东阳市巍山镇中心小学吴红花老师录制了"红花老师讲童诗"网络课程，上传至网络平台后，深受广大师生喜爱。截至 2022 年 8 月，来自全国 82 个县市、4230 名学生报名旁听学习，设置优秀作业 2385 次，在线辅导和讨论 696 次，累计学习时长 5.2 万分钟，提交作业 2211 人次。

五是构建网络环境下名师服务当地教育的"1+10+X 教师网络研修模式"（1 位名师带领 10 位学科带头人和若干名学科骨干组成线上网络研修体系）。建立网上学科工作室，由一位名师领衔，10 名学科带头人（或学科骨干）参与、学科教师共同参加的网络研修共同体。如特级教师许志芳名师工作室，至 2022 年 8 月有 13 位学科带头人、102 名学科骨干和 623 名网络学员，发表学科性文章 2159 篇，优质资源 4386 个，课堂实录 593 节，组织了教研活动 85 次。

六是创建"基于全数据流通精准管理模式"。依托东阳市城市大脑，建设基于数据的未来学校模型。创建"智能联动、共建共享、校校特色"的东阳学校智慧教育体系，建设由课程数据、教学数据、管理数据、生活数据、健康数据、运动数据、环境数据等组成的教育大数据仓储中心，形成学校数据挖掘、数据画像、教学改革、数据分析、治理决策等的应用中心模式。如，依托东阳市城市大脑，东阳市义务教育及幼儿园新生入学招生系统 2020 年线上报名为32859 人，线上录取幼儿园、小学和初中新生 31597 人，全部实现一键报名、一键录取，让数据多跑路，家长和学校"零"跑腿。

（二）创新完善六项机制，确保长效发展

一是健全教育信息化管理体制和问题解决机制。东阳市政府设立了教育信息化专项资金，市财政从 2019 年开始每年投入 6000 万元专项经费，用于推进全市教育信息化工作。成立由分管副市长任组长的工作领导小组，形成了市教育信息化工作季例会制度，研究解决教育信息化应用推进过程中的问题。在学校层面，则逐步建立由校领导担任 CIO 的制度，全面统筹本单位信息化的规划与发展。

二是强化人员保障机制。实施教师信息技术应用能力提升工程 2.0，基本实现"三提升两推进一形成"，即校长信息化领导力、教师信息技术应用能力、培训团队信息化指导能力显著提升，全面推进教师信息化教学创新实践、全面推进学校教育信息化长足发展，形成与东阳市教育信息化建设目标相适应的教师信息技术应用能力发展新样态，为东阳市基础教育高质量发展和率先实现高水平现代化打好坚实基础。

三是建立按用计费机制。逐步形成"企业竞争提供、政府评估准入、学校自主选择、费用按量结算"的资源建设和服务计费机制。

四是健全应用评价机制。将学校及教师优质资源共享率、网络公益课堂数量、精品空间建设等列入教育信息化工作考核的基本项，将教育信息化应用种子教师的培养、应用典型案例的提炼、应用成果的推广等列入加分项，健全线上线下结合的评价目标多元化和评价方式多样化的应用评价机制。

五是强化网络与信息安全保障机制。按照"谁主管谁负责、谁运维谁负责、谁使用谁负责"的原则，建立健全网络安全责任制和问责机制。

六是建立健全防控学生近视工作机制。规范电子产品使用，指导学生科学规范使用电子产品，养成信息化环境下良好的学习和用眼卫生习惯。同时，对监测视力异常的学生进行提醒教育，及时告知家长带学生到正规眼科医疗机构检查。

本案例由东阳市教育局提供，执笔人：厉先光　陈　琳　张海玉　王谨仁

第四章 教育教学类教育信息化案例

第一节　互联网社团：
数字赋能拔尖创新人才培养新模式

▶▶ 内容导图

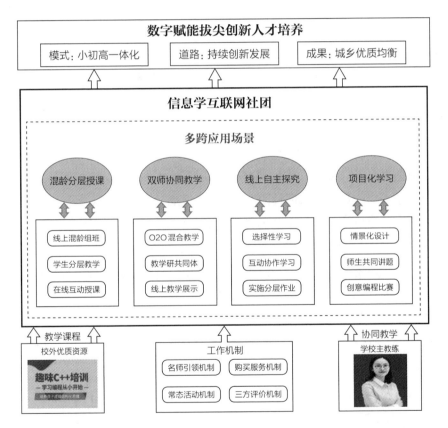

一、背景与问题

共同富裕是社会主义的本质要求，是中国式现代化的重要特征。当前，浙江省正全面推进高质量发展建设共同富裕示范区，而教育在共同富裕进程中起着非常重要的基础性作用。为有效化解城乡二元结构矛盾，促进浙江省城乡义务教育高水平均衡发展，缩小区域之间、学校之间教育发展差距，浙江省政府于2017年出台了《关于统筹推进县域内城乡义务教育一体化改革发展的实施意见》，并持续深化"互联网＋义务教育"城乡教共体建设。

党的二十大报告提出，"必须坚持科技是第一生产力、人才是第一资源、创新是第一动力，深入实施科教兴国战略、人才强国战略、创新驱动发展战略"①。创新人才培养并不是始于高等教育，基础教育阶段的早期培养至关重要。近年来，在"双减"政策和教育数字化转型背景下，绍兴市柯桥区广泛联合政府、学校、社会、家庭力量，实施"互联网＋"拔尖创新人才培养策略，基于城乡教共体率先建设信息学互联网社团，在课后服务时间为教共体学校提供免费的信息学优质课程，通过混龄分层授课等长跨场景、名师引领等工作机制，有效破解了农村中小学在信息学创新人才培养中普遍存在的"缺课程、缺师资、缺氛围、缺经验"的问题，促进了信息学拔尖创新人才的小初高一体化培养。

二、思路与做法

（一）总体思路

面向柯桥区的"双减"课后服务和拔尖创新人才培养，依托柯桥智慧教育云平台，建立"信息学互联网社团"，开展"混龄分层授课、双师协同教学、线上自主探究、项目化学习"多跨场景，创新"名师引领、购买服务、常态活动、三方评价"工作机制，基于校内校外两大场景，协同城乡教共体与社会专业机构两大主体，依托"互联网＋"和人工智能技术，打通科技类优质校外教育资源进校渠道，推动小初高信息学拔尖创新人才的一体化培养，打造城乡教共体教育共富的"重要窗口"。

（二）创新应用

1.混龄分层授课

混龄教育是实施个别化教育、促进学生思维发展的教学组织方式。在课后服务时间，柯桥区将四至九年级不同学龄的学生进行线上混龄组班，在前测的基础上，根据不同学生的学习能力差异实施A、B、C三个层次的分层教学。利

---

① 习近平.高举中国特色社会主义伟大旗帜 为全面建设社会主义现代化国家而团结奋斗——在中国共产党第二十次全国代表大会上的报告[R].北京：人民出版社，2022：33.

用柯桥智慧教育云平台，对混龄组班学生开展在线互动授课。按照"一体化"的工作思路，为授课教师开辟线上空间，通过远程连线的方式，将其线下授课及演示等教学活动借助互联网社团栏目的线上空间进行实时直播。应对A、B、C三个层次的分层教学，教师的线上空间分为A、B、C三个频道，学生根据自己的分层情况，选择学习的直播频道（见图4-1）。

图4-1　线上混龄教学

2.双师协同教学

双师协同教学是"互联网+"潮流下深受学生喜欢的一种教学模式。柯桥区信息学互联网社团实行线上线下混合式教学，全区学生通过互联网社团的线上空间共享外聘优质师资，同时区域各学校至少配备了一名专职的社团主教练，承担信息化设备维护、线下社团学生管理、协同外聘教师的线上教学、推进同步学习、进行答疑解难、开展教学评价等工作。另外，还将全区50多位主教练组成线上的教、学、研共同体，在省级名师的专业指导下，进行教学设计、课件开发、线上教学与教学反思等O2O（线上线下）研修活动。为提高学校主教练的业务水平，区教育体育局定期组织相关老师的线上教学展示课活动，邀请专家团队进行有针对性的指导（见图4-2）。

图 4-2　学校主教练指导学生上机练习

3.线上自主探究

按照"做中学、用中学、创中学"的教学思路,信息学互联网社团积极探索新技术背景下学习环境与方式的变革,努力创设以学习者为中心的线上学习环境。一是利用柯桥区智慧教育云平台,发布了"C++趣味编程"等三门阶梯式精品课程,供社团成员个性化在线选择学习;二是开发了丰富的在线交互功能,如学生在课后的随时回看、问学名师、在线讨论等,如此,学生不仅能得到教师的帮助与支持,而且学生之间也可以相互协作和支持;三是应用平台的在线测题、在线学习等功能,为学生提供清爽快捷的编程体验,并支持分层作业的实施。另外,平台还自带搜索引擎,学生碰到编程问题基本都能自主探索解决(见图 4-3)。

图 4-3　信息学互联网社团支撑下的学生自主练习

4.项目化学习

信息学互联网社团布置的作业大多数是跨学科的，也有问题情境的，有些问题需要小组合作解决，比较适合开展项目化学习。传统做法是通过创设一定的问题情境来引导学生分析问题、设计算法、编写程序、调试运行，注重培养学生的计算思维和问题解决能力。柯桥区则在此基础上进一步要求学生合作完成解题报告和讲题视频，各校主教练与学生一起形成学习共同体，并给予学生必要的指导和示范，使项目化学习形成精彩的物化成果，最后上传至平台进行交流展示。信息学互联网社团还提供创意编程比赛等应用，全面提升学生的数字化学习与创新能力，使学科核心素养的培养得到有效落实（见图4-4）。

图4-4　师生一起讲题场景

（三）工作机制

为保障信息学互联网社团的高质量推进，柯桥区不断创新工作机制，以实现信息学互联网社团活动的常态化、一体化和个性化。

1.名师引领机制

在信息学互联网社团的实践过程中，柯桥区十分注重发挥周学东名师工作室的引领作用（见图4-5）。第一，周老师是浙江省特级教师、正高级教师，有近20年的程序设计教学经验；第二，周老师十分重视对学校主教练的培养，一年中通过不少于8次的空中直播课堂为学校主教练授课，有效提升了全体主教练的业务水平；第三，周老师带领工作室成员开发了一系列精品微课程，并发布于柯桥区智慧教育云平台,供社团学生选择性学习;第四,周老师组织工作室成员轮值听课,及时撰写教学评价和建议,经常与授课教师沟通交流,确保线上教学的课程质量(见图4-6)。

图4-5 周学东名师工作室开发的精品微课程

图4-6 线上线下混合教学专项研讨活动

2.购买服务机制

遵照浙江省教育厅等九部门《关于进一步做好义务教育阶段学校课后服务工作的实施意见》提出的"开展免费线上学习服务"和"探索引进非学科类教育培训机构参与课后服务"的意见,柯桥区教育体育局积极创新机制,拓宽课后服务渠道,通过面向社会公开招标引进非学科类教培机构——杭州小码教育科技有限公司提供的优质课程服务,并以互联网社团的形式实现全区共享,所需经费由区财政专项经费保障。这既减轻了学校主教练的负担，又切实提升了课后服务课程的质量，得到了教师和家长的一致好评。

3.常态活动机制

信息学互联网社团通过一系列常态化活动，保障了线上线下混合式学习的有序高效。一是规定在每周一、三、五的课后服务时间进行线上直播教学，分A、B、C三个频道供学生选择；二是通过平台每周布置一次编程作业，规定在每周日下午提交完成；三是每年组织两次信息学线上线下混合式教学专项研讨活动，探讨解决日常教学中存在的疑难问题；四是每年举办一期信息学互联网社团托管服务夏令营活动，为期20天，以项目式学习为载体，注重提升社团学员的核心素养和实践能力。

4.三方评价机制

为确保"信息学互联网社团"项目的绩效，柯桥区针对课程服务提供方、学校主教练和社团学员三方分别构建了有效的评价机制。其一是邀请专家在项目招标方案中设计了专门的绩效考核办法，确立了根据考核实绩分四档付费的原则。其二是要求学校主教练"学—管—教"三位一体，一方面制定了《柯桥区信息学互联网社团学校主教练工作职责》，根据主教练履行职责的情况考核发放工作补贴；另一方面每年资助表现优秀的学校主教练参加中国计算机学会举办的信息学教练员培训考级活动，2022年有8位主教练通过考核，取得了CCF（中国计算机学会）NOI（全国青少年信息学奥林匹克竞赛）指导教师资质证书。其三是举办柯桥区中小学生创意编程比赛、组织参加绍兴市中小学生编程比赛、组织参加CCF CSP-JS非专业级软件能力认证，并将比赛结果纳入柯桥区人工智能教育年度先进学校评比（见图4-7）。

图 4-7　CCF颁发的师生认证证书

三、特色与成效

一是遵循"科技是第一生产力、人才是第一资源、创新是第一动力"的科学理念。柯桥区在课后服务中组建了基于教共体的信息学互联网社团,实施"混龄分层授课、双师协同教学、线上自主探究、项目化学习"的应用策略,配套"名师引领、购买服务、常态活动、三方评价"的工作机制,形成了教育数字化转型背景下城乡教共体信息学拔尖创新人才一体化培养的柯桥模式。

二是整合腾讯会议系统、区域空中课堂和洛谷平台的技术优势,构建了建构主义理论主张的"以学习者为中心的学习环境",探索线上线下深度融合,支持混龄分层教学,服务个性化学习,践行新课程方案倡导的"做中学、用中学、创中学"理念,为"双减"政策下推进城乡教共体信息学互联网社团建设的创举开辟了一条可持续发展的道路。

三是在学赛融合方面,柯桥区积极对接各大合规赛事活动,联合小码王等专业机构力量,通过线上指导、问学名师、模拟比赛、学生讲题等形式,为社团学员参加赛事奠定坚实基础,让他们学有所得、学有所益。目前,柯桥区信息学互联网社团已联结33所学校、直接服务418位中小学生。在CCF CSP-JS 2022非专业级软件能力第二轮认证中,柯桥区信息学互联网社团学员获入门组全国一等18人、提高组全国一等2人,以优异成绩彰显信息学互联网社团一年来的快速成长。

作为浙江省人工智能教育实验区和"央馆人工智能课程"规模化应用试点区,柯桥区大力实施教育数字化转型战略,搭建多场景、广应用、个性化的智能服务体系,积极探索数字赋能城乡教共体教育改革发展新路,基于校内校外两大场景,协同城乡教共体与社会专业机构两大主体,依托"互联网+"和人工智能技术,打通科技类优质校外教育资源进校渠道,构建"信息学互联网社团",推动小初高信息学拔尖创新人才的一体化培养,打造城乡教共体教育共富的"重要窗口"。

本案例由绍兴市柯桥区教育体育局提供,执笔人:周学东

第二节　构筑"五环联动"模式，绽放习作智慧之花

>> 内容导图

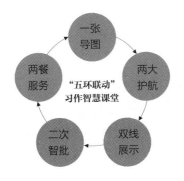

一、背景与问题

传统的习作教学长期坚持以"教师为中心"，习作指导流于形式，缺乏针对性、可操作性。此外，教师批改作文的工作量大，造成讲评不及时，评价一刀切，从而导致习作教学效率低，学生习作兴趣差，习作能力弱。语文课程应注重现代科技手段的应用，提高学生学习效率，使其初步获得现代社会所需要的语文素养。

为此，笔者利用智慧课堂教学决策数据化、评价反馈即时化、交流互动立体化、资源推送智能化优势，构筑"五环联动"模式，让习作智慧之花绽放。

二、思路与做法

（一）思路

在习作教学中，利用畅言智慧课堂学习平台，发挥评价导向、激励功能，从"一张导图""两餐服务""二次智批""双线展示""两大护航"五个环节，来解决作文教学指导"写什么""怎么写""会修改""晒成果""可持续"等实际问题，构筑"五环联动"的习作指导智慧模式。

（二）实践

第一环："一张导图"——瞄准习作指导智慧起点

"一张导图"指为学生提供"思维导图"范例，让其模仿，绘制本次习作思维导图，解决习作教学"写什么"的问题。

1.模仿导图

在教学中，教师先引导学生阅读习作教材要求，出示思维导图范例，启发学生习作思维，然后根据习作提示，模仿范例，编写自己习作的思维导图。学生在习作前将绘制好的思维导图提交到智慧学习平台"七彩任务"的晒笔记作业中。教师查阅作业，瞄准习作指导起点，及时调整习作指导策略。

2.点评导图

学生将绘制好的思维导图发至学习平台"七彩任务"中，学生之间可以相互浏览（见图4-8）。教师在查阅的过程中，充分了解学生的习作思维，给予作业相应的点赞、指导。在此基础上，教师选择具有代表性的思维导图作为典型作业进行讲评，使学生的选材广度、准确度都得到提高。

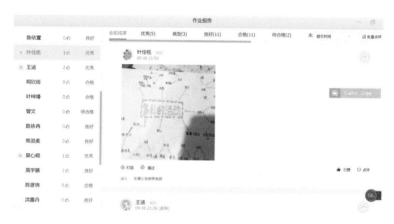

图 4-8　作业报告界面

第二环："两餐服务"——填补习作指导智慧内容

"两餐服务"是指学生结合自己的习作思维导图，打开教师在"畅言智慧课堂"中布置的"作文智批"单元习作中的"标餐"自助卡，再根据习作评价表上的"加餐"要求，有的放矢地去写作文，解决习作教学"怎么写"的问题。

1."标餐"服务

"标餐"服务指"畅言智慧课堂"的"作文智批"单元习作任务里已经提供写作指导、好词好句、精彩开头、优美结尾等卡片和范文。教师根据习作教学需要，勾选范文和作文指导卡片，推送习作任务，学生在平板端查收范文和写作指导内容。

2."加餐"服务

"加餐"服务是教师在评价表里添加单元习作重点,以填补平台作文智批评价标准项目的不足。学生根据评价表进行习作后,再进行自我评价和他人评价。教师根据学生自评和他评结果,及时推送相应的助学支架,帮助学生写好习作。表4-1为单元习作立体评价表示例。

表4-1 单元习作立体评价表示例

习作内容			统编教材五上:第一单元		
习作主题			我的心爱之物(属于状物类习作)		
习作要求			想想你的心爱之物是什么,写写它是什么样子的,你是怎么得到的,它为什么会成为你的心爱之物。围绕心爱之物,写出自己的喜爱之情。		
评价内容			习作评价细则	自评 ( )星	他评 ( )星
加餐 服务	选材: 写什么		1.能够写清心爱对象:什么物。		
			2.能仔细观察心爱之物:什么样。		
			3.能表达出对心爱之物情感:什么情。		
	组材: 怎么写		1.观察心爱之物,尝试画下来或带一张心爱之物的照片,能够与同学交流:心爱之物是什么样子的?		
			2.开头可以采用排比、比喻、拟人等修辞手法吸引人,让人一读开头就对你的心爱之物充满阅读期待。		
			3.结尾有点题,能表达出对心爱之物的"喜爱之情"。		
			4.习作有3~7个自然段最佳。本文共( )个自然段。		
			5.尝试列提纲:心爱之物是什么时候得到的?是如何得到的?和谁有关?本文详写( ),略写( )。		
			6.用生动的文字把对心爱之物的情感表达出来。		
标餐 服务	语言: 写得怎么样		1.用词准确,能够准确描写心爱之物的样子。		
			2.语句通顺连贯。		
			3.至少能在3处使用恰当的修辞方法,如比喻、拟人、排比等。		
			4.紧扣"心爱""喜爱之情"两个要点,抓住文章要表达的"情感线"。		
	创意		遣词造句有新鲜感、文章结构有新意、叙述有创意。本文的创意点是: ( )。		
	其他	字数	五年级作文不少于400字。		
		错别字	誊写时不写错别字,不使用拼音替代不会写的字。		
		标点	正确使用标点符号,如有修改需用正确的修改符号。		
		书写	使用钢笔或水笔书写,卷面工整,不涂改或少涂改。		
加分项			习作被老师推荐到朗读平台发表。		
评价说明			优5星,良3星,合格2星,待合格1星。		

第三环:"二次智批"——优化习作指导智慧批改

"二次智批"指平台智能批改和教师人工批改相结合,优化习作指导环节,解决习作教学中"会修改"的问题。

1. 初稿智批

根据习作要求，每位学生将自己的习作初稿拍照上传至学习平台"作文智批"中，智慧平台按照"标餐服务"评价标准自动识别进行AI评级，并将学生习作稿转化为电子稿，形成数据分析报告（见图4-9）。

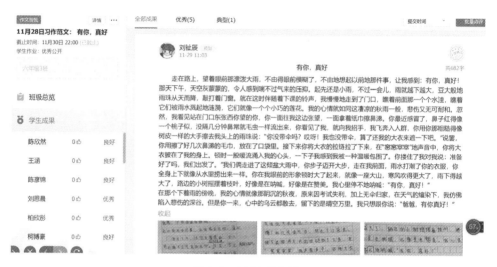

图4-9 初稿智批界面

2. 问题聚焦

教师分析"智批"数据，聚焦习作共性问题，进行写作教学。例如，在"多彩的活动"习作中，教师针对学生"缺乏描写"的问题，先进行"龙舟比赛"的视频慢速播放，引导学生进行动作分解，提高学生动作描写的准确性、连贯性和生动性。再将动作的变化定格，使学生感知场面的变化。

3. 支架推送

当学生不知写什么时，教师利用"畅言智慧平台—七彩任务"，给他们推送资源支架，以丰富他们的习作资源。当学生不知怎么写时，就给他们推送策略支架。针对个别学生不会写的，可以提供范例支架。

4. 个人修改

学生根据作文智批里的批语（见图4-10），进行正确修改，大大减轻了教师对作文草稿里基础部分的批改，使得教师可以腾出更多的时间来进行单元习作重点的指导和修改。

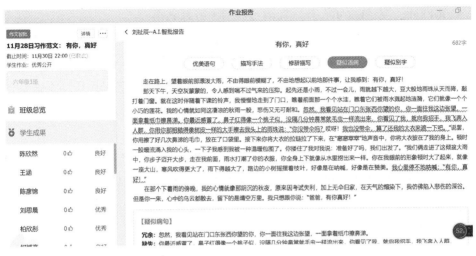

图 4-10　作业智批报告界面

5.二次智批

"畅言智慧"课堂作文智批标准相对客观，只对主题、词汇量、描写手法、疑似语病、疑似别字进行智能点评。因此，当学生再次将修改后的习作拍照上传至"作文智批"时，还需教师人工查阅后，给予合理的主观评价（见图 4-11）。

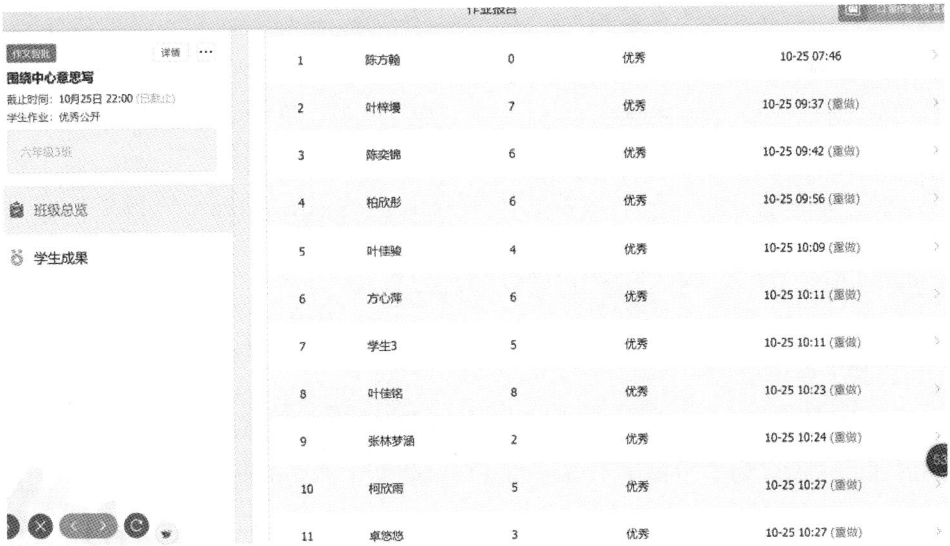

图 4-11　二次智批界面

第四环："双线展示"——绽放习作指导智慧之花

"双线展示"指线上线下多元展示学生作品，旨在绽放习作指导智慧之花。

1. 线上发表

做法一：借助"美篇"制作学生习作作品或视频语音版习作作品，转发到"畅言智慧课堂—七彩任务"栏，班级微信群、钉钉群，可以让每篇习作都变为具有忠实粉丝的文章。

做法二：教师将学生的优秀习作发布在智慧平台"朗读训练"，学生每朗读一篇佳作就可以获得系统奖励的 5 个智豆，促使学生产生较强的朗读驱动力。学生对自己习作的修改变"要我改"为"我要改"，以获得老师的推荐"发表"（见图 4-12）。

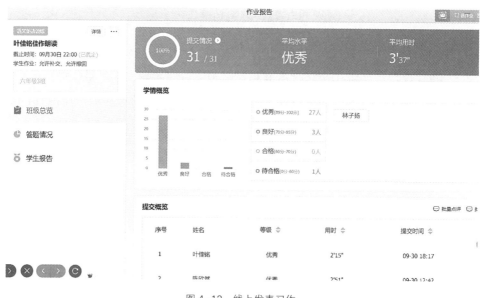

图 4-12　线上发表习作

2. 线下展示

每个学期，学生把自己的习作打印出来装订成册，制成习作集，在班内流动展评。这不仅为学生提供了展示的舞台，使学生体会成就感，也激发了学生习作的兴趣与动力。

第五环："两大护航"——保障习作指导智慧运作

"两大护航"指智豆评价和视力屏保，保障习作指导智能、长效运作。学生每完成一项作业，智慧平板系统会自动奖励相应的智豆，学生还可以把智豆兑换成班级银行积分，到学校积分商店兑换心仪礼品。其次，学生使用的平板设备采用先进的专利技术，从各维度全面呵护孩子视力，包括过滤蓝光、用眼疲劳提醒、感光保护、阅读模式等，主动为孩子的视力保驾护航。

通过"五环联动"模式进行习作教学，每个学生在自己的学习终端承接着教师传递的学习任务，根据评价导向，独立学习写作，他们有不同的学习进度和欣赏角度，并根据自己的理解和接受度，形成自己独特的不同层次的创作。

三、特色与成效

"五环联动"习作模式实施一年后，该班级的学生发生了巨大的改变，班级读书氛围浓了，学习氛围变好了。班级五项常规评中获得五星班级的次数明显增多，如今每周都能获得五星班级荣誉称号。"五环联动"习作模式实施前的期末检测，班级习作得分是学校年级段最低的，经过一年课题研究，期末检测习作得分为年段班级最高分。

教师批改作文的工作量大大减轻的同时，学生对习作的态度也变得更认真仔细了。学生会主动读习作、修改习作，积极性被充分调动起来。"五环联动"习作模式实施一年后，学生积极参与区级以上征文活动，有同学获浙江省"少年之星"习作优秀奖，有同学的习作在省级报刊上发表，有三位同学获得国防征文区二等奖，有同学获得读书征文区三等奖，也有同学获得区"学宪法讲宪法"演讲一等奖。

"五环联动"习作模式的实施，转变了学生的学习方式，提升了自主习作的主动性与趣味性，推动了教与学的模式转变，减轻了教师批改作文的工作量，提高了习作教学效果，走出了一条有效提升学生习作能力的途径。

本案例由温州市洞头区东屏中心小学提供，执笔人：张高永　杨燕燕

第三节 "无界学校"：城乡共享美育大课堂

▷▷ 内容导图

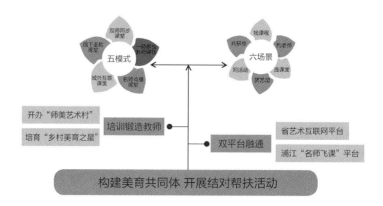

一、背景与问题

（一）艺术类课程教师短缺

浦江县艺术类课程教师存在结构性短缺问题。全县按实际需 180 位专职音乐、美术教师，但目前全县专职音乐教师 42 位，专职美术教师 50 位。不少学校存在其他专业教师兼任艺术课教学的现象，甚至个别山区学校没有一名专业艺术教师，致使农村孩子难以享受到跟城区孩子同等的优质艺术课堂。

（二）艺术教学手段落后

艺术类课程的教学基本上采用传统教学模式，现代化教学手段应用不够，教学效果不够理想。艺术教育资源使用不充分，大量网络艺术教育教学资源没有得到充分利用，其使用程度和使用效果基本上取决于教师个人的信息化能力，未能形成一套甄别、选取、使用、反馈的有效使用机制。

二、思路与做法

（一）总体思路

在教师编制无法突破、艺术教师招聘难的现实条件下，浦江县利用现代教育技术，建立艺术教育教学管理平台，引进优质教育资源，解决师资不足的困境，让农村孩子和城区孩子一样享受到优质的艺术课堂。浦江县以建设美育共同体为目标，建设"无界学校"——艺术互联网学校，实现学生的全面发展和共同发展。在实施过程中，以美育为中心重构区域一体教共体，以课堂为线索广织美育大云网，遴选、培训再造师资队伍，融合线上线下资源拓展美育教育场景，达到城乡学校共享优质美育教育。

（二）建设实践

1.聚散相辅，构建区域一体美育教共体

（1）构建美育教共体

浦江县艺术互联网学校是一所没有"围墙"的新型学校。她以艺术为联结中心，集聚教育局人事科、普教科、技术中心、研训中心等部门，协同开展相关的教育教学工作。人事科负责优秀教师的遴选，以及激励制度和绩效考核制度等的制定；普教科负责课程指导、教学模式研究、课堂监测评价；技术中心负责项目统筹推进、技术实施、安全运维；研训中心负责业务指导、工作机制制定和政策保障等。艺术互联网学校下联各中小学教共体，并直达乡村中小学（见图4-13）。

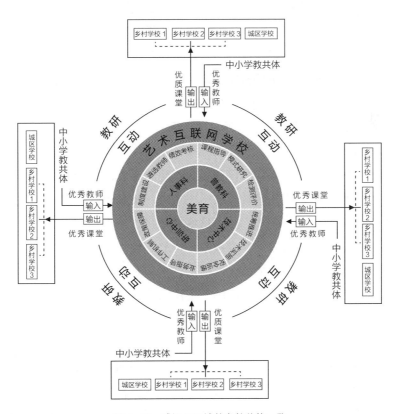

图4-13　浦江县区域美育教共体一览

（2）开展结对帮扶活动

艺术互联网学校从全县9个中小学教共体内遴选32名优秀专职艺术教师组成名优教师团队。经培训后，按照8个结对教共体，组成不同形式的艺术类课程教学团队。教师们以多样化课堂教学模式，将优质课源源不断地向教共体下属有艺术教育需求的乡村学校师生输出。

2.双级平台，连通更深更广优质美育资源

（1）浦江"名师飞课"平台

浦江县于2015年自主建设"名师飞课"平台。多年以来，持续进行设备更新、完善，常态化开展区域同步课堂活动。"名师飞课，架起教育均衡之桥梁"案例于2019年获评全国基础教育信息化应用典型案例。"名师飞课"平台曾多次进行小学美术、音乐等艺术类课程的同步课堂直播。浦江县还着手建设音乐、美术两个专用直播教室，可以实现在线直播互动、同步录播等功能。

（2）浙江省艺术互联网平台

浦江县对接浙江省艺术互联网平台，至2020年浦江县教育信息化专项经费投入8000余万元，全县的信息化水平得到飞跃发展，建成万兆到校、千兆到桌面的高速安全的教育计算机骨干网，且主要教学场所实现无线高密WiFi全覆盖。全县中小学建成精品录播教室30套，常态化录播16套，在艺术互联网学校间实现数据传输双向畅通，优质资源共建共享。

3.培训锻造，推进高水平艺术师资队伍建设

（1）开办"师美艺术村"

高水平的师资是优质课堂的保证。为了建设一支优质教师队伍，浦江县从全县各中小学教共体专职艺术教师队伍中遴选一批师德优秀、技术过硬的教师担任艺术互联网学校专职教师，并对这些教师进行专项培训。培训内容有师德师风建设、信息技术能力提升、专业素养提升、教学基本功培训等。为将培训常态化，浦江县专门开办"师美艺术村"艺术教师专业提升班。该班于每周下午或晚上开课，有合唱、舞蹈、国画、书法与篆刻、葫芦丝、剪纸等课程，聘请国家级美术家协会会员、省级书法家协会会员等专家进行培训。

（2）培育"乡村美育之星"

针对乡村艺术类兼职教师教学能力需要提升的问题，研训中心开展专职教师传帮带、教研互动、优质课与优秀教学案例评比，组织"乡村美育之星"赛课等活动，培育了一批从"助理型"助教向"授课型"教师转变的"乡村美育

之星"。艺术互联网学校为乡村兼职教师举行隆重的一对一结对帮扶签约仪式，保证每一位兼职老师都有一位专职艺术导师。

4.场景重塑，拓展多彩艺术课堂教学新模式

一是再现六大场景。浦江县经过多年的探索与实践，基于浦江县艺术互联网学校平台，打造了"找课程、约老师、选课堂、赏艺馆、同活动、共研修"等六大场景，为乡村学校的学生增长艺术素养提供了丰富的路径。

二是归纳五种模式。浦江县总结了线上线下两大类五种典型的教学模式，即双师同步课堂、一师多校教研课堂、名师点播课堂、域外互联课堂、线下走教课堂，为艺术类课程教学，特别是为乡村学校开设高质量艺术类课程教学提供了模式和样板。

三、特色与成效

（一）破解艺术类师资短缺的难题

自 2021 年艺术互联网学校建设以来至 2022 年 10 月，浦江县中小学校专职艺术教师覆盖率达到 100%。开通直播课堂 90 次，录播课堂 120 次，走教 80人次，参与师生达 3000 余人次。艺术互联网学校专职教师 16 人，兼职教师 41人。专职教师参与培训 100 余人次，兼职教师参与线上线下教研 114 人次。乡村学校开展艺术展览 4 次，参与展览的学生达 5000 余人次。浦江县成为首批省级艺术教育实验区。2023 年，有 4 位艺术互联网学校老师被评为省级优秀主讲教师和助教教师。

（二）完善了艺术类教师的评价制度

制定《浦江县艺术互联网学校实施方案》和《艺术互联网学校兼职教师专业成长培养机制》，评选了首批乡村美育特色学校、"艺术互联网"基地校、"艺术互联网"优秀团队和 10 个"乡村美育之星"。受援的 8 所乡村小学 2022 年艺术抽测合格率均比往年提高 1 个百分点以上。

（三）为乡村开足了美育课程

乡村学校美育取得突破性进展，美育课程开齐开足，资源配置不断优化，评价体系逐步健全，管理机制更加完善，育人成效显著增强，学生审美和人文素养明显提升。

浦江县在艺术互联网学校建设模式、教师管理与评价制度、教学模式等方面作了具体的实践与研究，有力地提升了区域整体艺术教育教学水平，为打造区域艺术类教育新模式提供了可借鉴的路径与样板。

本案例由浦江县教育技术中心提供，执笔人：张世营　金水英

第四节　基于双线融合的"三敏"课堂

>> 内容导图

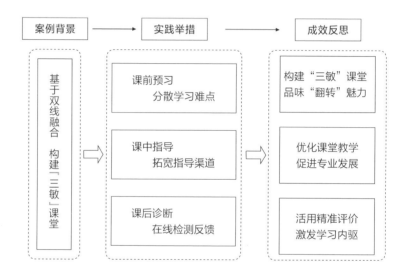

一、背景与问题

在"互联网+"时代，学生获取知识的途径越来越多。传统课堂中，由于学生的个体差异，总有一部分学生对课上知识的理解和掌握存在一些困难。40分钟的课堂教学中，教师在教授新课的同时难以做到兼顾全体，而且每位学生获取知识的风格、水平也不尽相同，获取知识的来源也多种多样。因此，较之过去，新时代的学生更渴望也更需要便捷地自主学习，而微视频、教学助手等一系列新媒体技术的出现和应用给教学带来了新的活力。缙云县实验小学遵循教育教学规律和学生成长规律，有效使用微视频、在线检测等技术手段，基于双线融合，科学构建"敏学、敏思、敏行"课堂，形成"三敏"教学生态，使课堂教学精彩纷呈，学生学得乐、学得实、学得好。

二、思路与做法

在教学信息化背景下，"线上+线下"双线融合教学已成为主流教学模式，它将传统课堂的学习方式与网络教学相融合，为学生提供更多自主学习的环境，让学习变得丰富多彩，让教学更加切实高效。

（一）课前预习——分散学习难点

对于课前预习，老师时时耳提面命，学生却常常三心二意。预习时，教师可以利用微视频指导学生学习，使学生反复观看或暂停思考，有更多的时间去理解、反思，从而了解和掌握难点。

比如"相遇问题"是北师大版五年级数学中相对复杂的内容。在解行程问题时往往需要根据物体的运动情况画出示意图，学生要从行驶地点（同地、两地）、行驶时间（同时、先后）、行驶方向（相向、同向）、行驶结果（相遇、相距）这四个要素展开分析。而书本上的图示往往只能呈现静态的时间节点，对于分析物体运动的效果并不理想，特别是学生理解物体各自的行驶时间有一定困难。即使教师讲得再清楚，总有一部分学生不能及时消化，这无疑增加了学生的压力和紧张情绪，学习效果可想而知。

课前，教师运用教学助手中的"课前导学"向学生推送"相遇问题"的微视频（见图4-14），配合丰富的图片和灵活的呈现方式，将静态知识动态化，对学生难理解的知识点进行精细化的设计，细致地讲解和操练，利于学生在有限的时间里更轻松、更直观地探索新知，从而促进和提升预习的效果，使微视频成为预习的"点睛之笔"。

图 4-14　课前导学应用

课前的微视频是"翻转课堂"的重要基础，对于课堂教学效果具有重要影响，对于学生自主学习能力的培养也起着重要的作用。当然，这样的"翻转"并非适用于所有的教学内容，而是将基础的学习交给学生完成，在课堂上进行更有价值的教学活动，使学生获得高阶思维的发展。

（二）课中指导——拓宽指导渠道

教学时，对于突破难点有困难的内容，可借助微视频的优势帮助孩子理解领会，引导学生进入学习快车道。但微视频的呈现要根据教师、学生、教学内容的实际情况而定，不能不顾实际，一味"赶时髦"，用微视频完全替代教师的课堂传授。

1.适时呈现，突破重难点

许多数学知识比较抽象难懂，常常成为学生构建知识、突破重难点的障碍。此时，教师可以将事先准备好的微视频适时地呈现出来，及时帮助学生解决学习过程中的困扰，达到知识内化，让数学课堂"重点鲜明浓缩，难点梯度分解"，高效课堂不再是一句空话。

例如，在教学"为什么周长一定时，长和宽越接近，面积越大？"这一内容时，就需要教师制作面积与周长的微视频（见图4-15），供学生反复观看，使学生更加深入感受其中的规律，从而将抽象的数学知识变得生动形象，使学生更好地完成数学知识的建构。再如，教学"三角形三边关系"时，验证"较短的两根小棒长度之和小于第三根"能否围成三角形的猜想时，很多学生在实际操作时会产生"两边之和等于第三边时也能围成三角形"的误解，如果简单地用"这有误差"往往很难解释清楚。这时制作微视频演示三根小棒围三角形的动态过程，引导学生展开空间想象，明白当较短的两根小棒的端点搭在一起时，它们就与第三条线段完全重合了，围不成三角形，直观形象地突破了难点。

图4-15 "面积与周长"微视频

2.适度呈现，激发学习兴趣

"适度呈现"是指呈现的微视频内容恰当，不过火，也不欠火候；呈现的时间不过短，也不拖沓，在有限的资源里起到"四两拨千斤"的作用，达到预定的最佳教学效果。

如"克与千克"一课中有个环节是"用天平称出 1 克"，对于这个知识点教学，很多老师会在课堂上给学生演示，但效果并不理想。原因有二：一是天平仪器太小，教师在讲台边演示很多学生根本无法看清；二是有些数学老师不擅长操作天平，只顾着演示，忘了解说，动作与语言脱节的现象比较普遍，有的甚至手忙脚乱……针对这些情况，在这个环节插入一个微视频（见图 4-16）。微视频的内容是事先在实验室里"用天平称出 1 克"的过程，并配上了清晰而得当的旁白。在课堂上现场播放时，学生观看得非常投入，效果很好。再如，在执教"毫米的认识"时，对于 1 毫米概念的建立也运用了微视频，既使学生确信"1 厘米中间的每一个小格的长度是 1 毫米"，又帮学生巩固了"用尺子测量"的操作要领。此时适度运用微视频，不仅能激发学生的积极性，更发挥了教师指导的价值。

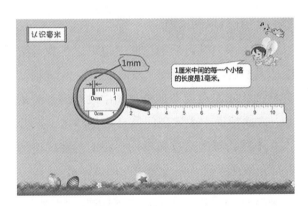

图 4-16　"认识毫米"微视频

3.适量呈现，开阔知识视野

"适量呈现"是指微视频在课堂中使用的频率要视学习内容的实际需要而定，不能喧宾夺主，更不能为用而用。要把时间留给学生，在"量"的把握上做到恰到好处，最终促进思维深度的达成。

例如，在执教"认识钟表"一课时，王老师就制作了关于"日晷"的微视频（见图 4-17）。这个视频直观形象地介绍日晷是古代计时工具，它是利用太阳的投影方向来确定时间，通常由晷针和晷面组成。微视频中教师亲切的解说、动听的音乐和生动的画面都有助于把学生带入奇妙的历史长河，让他们了解日晷的来历，同时使学生对影子会随着时间的推移而不断变化等产生疑问。教师通过这一新奇的演示，激发了学生探索求知的欲望，提高了学生的认知水平，拓宽了学生的知识视野。

图 4-17　"日晷"微视频

（三）课后诊断——在线检测反馈

课后诊断可以是针对课内学习后的诊断，也可以是观看微视频预习内容后的及时测试与反馈，主要目的在于实现"双向反馈"：一方面帮助教师及时了解学生还有哪些没有掌握的知识点或者是微视频中没有讲解清楚的地方，便于在课内及时跟进；另一方面帮助学生发现问题、聚焦问题，带着问题参与课堂学习。要实现这一点并不难，教师通过教学助手中的"在线检测"推送题目（见图 4-18），学生学习完微视频后，完成简单的测试即可。

图 4-18　在线检测推送题目场景

学生观看了"讨论余数和商的特点"这节微视频后，可以立即参加在线检测（见图 4-19）。

"除得尽吗"检测题

一、单选题

【题文】下面小数中是循环小数的是（　）。

　　A. 9.67582⋯　　　　B. 3.5556　　　　C. 8.1818⋯　　　　D. 4.0606

【答案】C

二、判断题

【题文】除不尽时，得到的商一定是循环小数。（　）

　　A. 对　　　　　　　　B. 错

【答案】B

【题文】无限小数一定比有限小数大。（　）

　　A. 对　　　　　　　　B. 错

【答案】B

三、填空题

【题文】7.41÷1.1 的商用循环小数表示是【　】，保留两位小数是【　】

【答案】6.745　　　6.75

图 4-19　检测题示例

学生完成习题后，教学助手后台评测系统对学生提交的作业和检测卷答案进行在线批改，对测试结果进行综合分析（见图 4-20），再将数据信息反馈给教师和学生。有了精准的数据后，教师就可以对学生预习情况或学习情况进行诊断，并根据反馈情况优化下一阶段的教学，使得教学更有针对性。例如，在反馈中发现学生对循环小数的表示方法尚不清楚，此时就可以在课堂上展开讨论，搭建切实有效的师生互动、生生互动平台。

图 4-20　测试结果分析界面

"发展才是硬道理。"教育的硬道理就是学生的主动发展。不管是课前利用微视频进行预习，还是课中用微视频突破重点难点，抑或是课后自测诊断，这些环节都不是独立的。微视频是为了更方便地学习，分散学习难点，自测诊断是为了检验学习的效果，其目的都是使教师和学生精准分析学习情况，促进更高效的学习。

三、特色与成效

在互联网与大数据"亲密接触"教育的时代，技术支撑教学，技术创新教学。缙云县实验小学立足学生学习实际，立足课堂，深入开展线上线下与敏学课堂的融合，运用短而精的线上教学和有针对性的线下课堂，随时随地，拓展教、学时间，切实有效地提升了学生的综合能力和可持续的终身学习能力，实现教与学"同频共振"。

（一）构建敏学课堂，品味"翻转课堂"魅力

在大数据、云计算、移动互联等技术优势的基础上，对现有的数学精准教学进行创新与改革，使得"互联网+"模式下的人机交互、人工智能等教育形式在数学教学中成为可能；努力提升学生学习数学的主动性，使得学习效率、学习有效性得到极大提高。在网络环境下，努力构建敏学课堂，课前预习、课中互动、课后测试……线上学习和线下课堂教学有效融合，互为补充，从而促使教师的教学行为和学生的学习状态、行为更加科学、准确、有效。

（二）优化课堂教学，促进教师专业发展

最为可喜的是，在"互联网+"的助推下，以及在精准教学研究的深入推进过程中，数学课堂在悄悄地发生转变，学生"学"的过程得以显现，教师的智慧得以历练，增强了精准指导的意识和能力，尤其是对如何有效拓宽精准指导的渠道、如何提高精准指导的效率、如何把握精准指导的切入点等方面有了成功的突破，找到了最适切的教学与学习方式，真正实现教学与技术的融合创新运用，提升教学效益的目标正在逐渐达成。微视频"微"而不"微"，"四两"亦可"拨千斤"。

（三）活用精准评价，激发学生学习内驱

在"互联网+"时代，教学评价发生了新的变化。每一名学生都被详细记录了自己的学习进度。通过大数据分析学习情况，教师还可以根据反馈及时定向推送学习内容，使学生做更少的题，达到更好的效果，家长也随时可追踪孩子的学习情况。对教师而言，分析报告会第一时间生成学生的共性错误，为教学提供依据，教师可以及时调整当前课堂活动，开展更有针对性的教学，促进

学生"敏学、敏思、敏行"。技术有温度，育人更智慧，利用互联网技术产生的教学评价也将越来越科学、准确、快捷，只有精准评价，才能推进精准教学。

唯有精心，才能精准。科技的进步为我们吹响行动的号角，缙云县实验小学的全体教师将乘着新技术课堂改革的春风，搭上"互联网+"快车，构建"三敏"课堂，为每一位学生的素养发展助力赋能。

本案例由缙云县实验小学提供，执笔人：王梅英

第五章

精准教学类教育信息化案例

第一节　新时代"因材施教"：
教育大数据赋能的精准教学

▶▶ **内容导图**

一、背景与问题

随着大数据、人工智能等技术的快速发展，在教学中应用信息技术已经成为课堂教学的新常态。2018 年 4 月，教育部印发《教育信息化 2.0 行动计划》，明确提出构建"互联网 + 教育"大平台，促进信息技术和智能技术深度融入教育全过程。教育与技术的深度融合已成为新时代教育变革的必然趋势，依托技术支持的教学实践探索方兴未艾，大数据驱动的精准教学已经成为人们关注的重要课题。

党的二十大报告也指出，要"加快义务教育优质均衡发展和城乡一体化"[①]。在党的二十大精神的指引下，德清县力求"办好人民满意的教育"，紧扣"一体化"和"高质量"两个关键，按照"统筹规划，注重应用，深度融合，分步推进"的建设思路，从区域层面统筹制定精准教学质量提升工程整体规划，保障和提高教育信息化建设的效率、效果和效益。通过常态化应用和经验总结推广，为实现区域教育优质均衡发展扩大影响，在教育信息化、一体化和高质量发展上增优势、创特色，打造更多德清经验和德清模式。

二、思路与做法

（一）总体思路

德清县按照浙江省教育信息化应用工作建设要求，由县教育局搭平台、学校建应用，实现县校两级合作共建，助力教师精准定位学生学习重点、难点、易错点，为学生提供有针对性的教学和指导，进而带动全县教育质量的提升，引领县域教育形态的全面变革。

（二）建设实践

教师通过私人账号密码进入平台，选择导航栏中"精准教学"。其中有"学科学情""学生学情""考点分析""学业分析"等模块，提供阶段性作业和考试的成绩分析、班级薄弱点及高频错题，帮助教师精准定位讲评重难点，提升教学效率。

1.学科学情

本模块通过统计阶段时间内班级学科的考试练习，从而归纳出班级学科的学习效果，主要从班级的薄弱知识点、共性错题来展现。教师依据班级薄弱知识点与共性错题来对班级学科进行有针对性的巩固、拓展练习。

2.阶段概览

本模块可展示当前学年的作业与考试的概况，根据选择的阶段时间，统计作业和考试的次数、作业提交率，从而获取班级薄弱知识点数、班级共性错题数、班级大幅进退步学生数（见图5-1）。

[①] 习近平. 高举中国特色社会主义伟大旗帜 为全面建设社会主义现代化国家而团结奋斗——在中国共产党第二十次全国代表大会上的报告[R]. 北京：人民出版社，2022：33.

图 5-1　阶段概览界面

3.班级知识点掌握情况

本模块展示班级学生阶段内考试的知识点掌握情况，并提供考频对比。主要指标是得分率和考频，指标包括本班、本校和区域三个维度，同时在初高中学段，提供知识点对应的中高考考频。当该知识点在本班级掌握率低于70%时，系统判断其为薄弱知识，知识点显示为红色。此模块具有题目筛选、查看知识点详情、薄弱点专练三个功能（见图 5-2）。

图 5-2　班级知识点掌握情况界面

4.班级共性错题

本模块统计阶段时间内班级共性错题，包含错题数量与每道题得分率，分析共性错题的题型分布。通过筛选得分率与时间段查看具体共性错题。教师可以点击班级共性错题右上角"错题强化训练"，设置训练的错题范围与训练模式发布作业（见图 5-3）。

图 5-3　班级共性错题界面

5.薄弱项训练

在前文"班级知识点掌握情况"模块勾选知识点后，点击"薄弱知识点"，进入"薄弱点专练"设置页面。"薄弱点专练"支持手动选题与智能组题两种类型。两种模式支持自由切换。

6.错题强化训练

前文"班级共性错题"模块支持错题强化训练，同样支持"自选错题"与"智能组题"两种训练模式。两种模式支持自由切换。

7.学生学情

本模块展示阶段时间内班级学生对学科知识点的掌握情况。掌握程度分为优秀、良好、及格、待及格，不同掌握程度以颜色区分。适用于教师对学生的个性化辅导。

8.考点分析

本模块提供针对校内考试的区域考纲考点分析。"考点分析"包括全部考点、薄弱点与遗漏点。教师可以选择年级、学科查看，可以切换班级，并支持与上一届对比（见图5-4）。

9.学业分析

改善传统的学业评价方式，以单次或单群体的方式，通过全年级所有班级的学业发展曲线，动态展现历次的学业对比情况。同时可比较各学科发展均衡性，从所提供的班级分层情况，可以看到班级学生在各学科上的表现分布，教师可以针对不同层次的学生做好辅导工作。该模块提供学业成绩发展趋势、学科均衡性分析、各学科学业分层对比（见图5-5～图5-7）。

"学业成绩发展趋势"可以查看选定学年中考试和作业的发展趋势。支持查看全科，或选择单学科查看，同时可以自由选择班级进行对比。"学科均衡性分析"呈现班级各科发展情况，分析各班级优劣势学科，帮助班主任紧抓劣势学科；同时支持多个班级对比，协助校长及年级主任精准掌握各班学业水平，为校长、年级主任、班主任提供对应的学业分析结果。

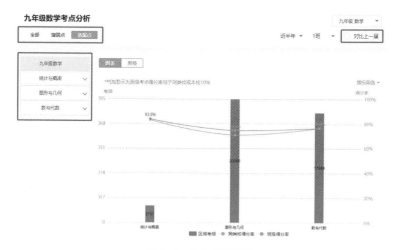

图 5-4 考点分析界面

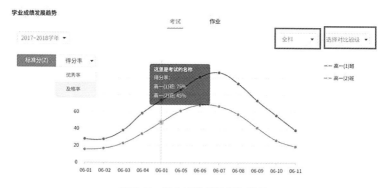

图 5-5 学业成绩发展趋势界面

图 5-6 学科均衡性分析界面

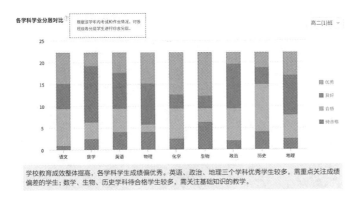

图 5-7　各学科学业分层对比界面

10.教学监管

学校可以对校内的考试与练习进行数据监控，了解校内的数据使用情况，用以综合评估班级的活跃指数与各位老师的贡献率。"教学监管"支持查看当前学年与往届的数据，支持学年内按月筛选，支持选择年级、学科指标。

11.阶段复习报告

针对考前复习课，精准教学在每年期中与期末考试前提供考前复习报告。针对学期中所完成的考试与练习，根据用户角色不同，提供不同版本的阶段性总结。"阶段复习报告"的入口在首页小智卡通形象旁，仅在考前才会显示。

对于校长、年级主任角色，提供阶段时间内学校使用考试、练习、校本卷库的使用情况（见图5-8）。对于学科组长、班主任、任课教师，让他们能够及时发现在阶段时间内，需要重点关注的班级与学科，有助于培优辅薄（见图5-9）。

图 5-8　校长、年级主任界面

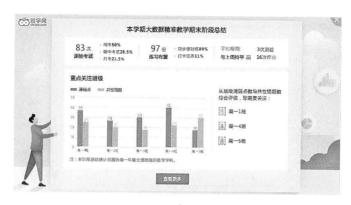

图 5-9　学科组长、班主任、任课教师界面

三、特色与成效

2016 年，浙江省教育厅教研室（简称省教研室）启动了"数据驱动的教与学改进"实践研究。2017 年，省教研室又将"数据驱动的教与学改进"研究转为在全省中小学校推广基于大数据的精准教学。2018 年，"大数据背景下的精准教学"项目被列为浙江省基础教育课程改革的十大项目之一，并确定了包含大数据平台建设，基于大数据的精准施教、个性学习、实证教研、智慧评价和智能管理的研究框架。2021 年，浙江省正式上线"教育魔方"工程，大力推进教育数字化改革。实践证明，在信息技术时代背景下，教育已经逐渐形成了新模式、新格局和新生态，教育现代化水平正在不断提升。

德清县顺应教育信息化改革的趋势，借助数字智能时代赋予教育的新动能，借助技术型企业的力量，建成了区域学业大数据分析平台、区域教育资源库，构建了开展精准教学的基础环境；以教育大数据为依托，有效弥补了班级授课制无法顾及每位学生学情的缺点，使学生真正实现个性化学习。精准教学符合学情、生情，依托实证、数据分析，在教材解读精准、目标制定精准、课堂教学精准、反馈评价精准等方面深入解读分析，改进、优化教学，变革教学手段，提升教学质量。

本案例由德清县教育研训中心提供，执笔人：沈勤勇

第二节　大数据小课堂——拱墅区精准教学实践案例

内容导图

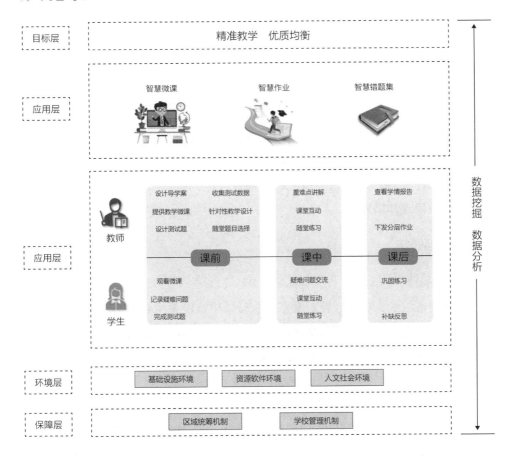

一、背景与问题

教育大数据以其对教学信息强大的归集汇聚、分析研判及挖掘预测功能，为教师精准的教和学生精准的学提供强大的"数据智慧"支持，赋予教育教学创新性变革。基于"互联网+"环境，将数字化资源融入教学中，利用大数据的反馈突破教学重难点、精准施教，并借助即时评价反馈，实现学生个性化成长，使学生自适应学习能力不断提升，这是精准教学的强大优势所在。

拱墅区的教育信息化，一直走在全省乃至全国前列，是教育部确认的全国首批 56 个区域信息化试点单位之一。多年前，拱墅区所有中小学实现了万兆带宽进校园，强力支撑了各类教研、课堂等实时视频、网络对话、在线交流等应用的顺利开展。在教育信息化的持续推进中，拱墅区教育发挥自身优势，兼容宏观和个体的优势，教育数字化改革再上新台阶。

在大数据赋能教育教学的背景下，全面推进教师的精准化教学、学生的个性化学习和区教育管理部门的科学化监测评估是拱墅区教育技术融合的立足点和出发点。拱墅区自 2015 年起已构建集试卷扫描、网络阅卷与质量分析于一体的大数据诊断分析平台，但基于学生学习力和情感态度的个人画像模块缺失，贯穿课前导学、课中分层分组教学、课后个性化作业推进的应用还无法有机融合，区平台同校应用间的协同机制也有待完善。为此，亟须通过标准化的检测模式对学生平时的作业、测试等学业数据及历史数据进行分析和挖掘，精准评价学生的学习表现，对薄弱、短板知识进行强化，使教师更准确、直观地了解学生的学业表现和需求。

二、思路与做法

（一）总体思路

围绕精准教学，拱墅区针对常态课堂教学中难以关注到每一位学生的问题，搭建"三端一平台"的精准教学硬件环境，依托"40+5"的课堂分段教学模式，积极开展精准教学实践。"三端"指围绕常态化课堂，通过教室黑板大屏端、教师教学授课平板端、学生手持答题反馈器端三种物理终端，在教学资源云平台支持下，高效挖掘课堂中的教育数据，进行数据分析，获得宏观数据背后的精准教学含义。"40+5"教学模式，即依托区学科教研员研发的精品题库资源，在40 分钟常态课基础上，增加 5 分钟的即时反馈，精准梳理每位学生课堂教学的目标达成度。通过该教学实践活动，为教研员精准研判区域教学质量，为教师精准提升课堂教学效率，为学生个性化精准学习提供路径服务。

（二）建设实践

1.环境与保障

（1）基础设施环境

为有效落实国家"双减"政策，推进精准教学，优化课堂教学质量，拱墅区统一采购性价比较高的反馈器发放给学生（见图 5-10）。它可实现点名签到、选择和判断、随机抽选、互动抢答、主观评价、课堂报告的功能效果。一方面，反馈器可协助教师高效获取学生学习数据，掌握学生学情；另一方面，其简洁的界面设计和功能模块，也有效避免了学生注意力分散的问题。

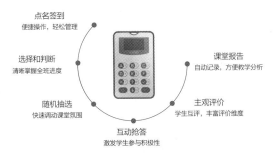

图 5-10　希沃易课堂搭配的反馈器

（2）资源软件环境

拱墅区教育局采用了"政企合作"模式，与希沃（seewo）公司合作。双方相互配合搭建了区级资源平台，建成了拱墅区的区本精品资源库（如图 5-11、图 5-12 所示），使产品使用更加符合区域学生学情。区内师生均可使用账号登录，获取相关教学和学习资源。

图 5-11　拱墅区区本精品资源库

图 5-12　微课资源库及作业库框架

此外，区域内学校也建设了基于学校学情的学习资源库，主要包括易错问题微课资源库和智慧校本作业资源库。其中，微课资源库是针对大数据中呈现的学生高频错误知识点设计的相匹配微课资源的集合。智慧校本作业资源库是依据大数据对学生学习情况生成的智慧报告，结合学科教学重难点，分别设置的不同层次的作业练习资源库。

（3）人文社会环境

为贯彻落实国家和省市教育现代化战略，促进区域教育优质均衡发展，力争在全省率先实现高水平教育现代化，拱墅区多年来一直重视教育信息化建设，坚持应用导向，探索机制与模式创新，着重推进信息技术与教育教学的全面深度融合。2022年8月颁布的《杭州市拱墅区教育改革发展"十四五"规划》明确指出，将"构建完善高质量教育体系、实现优质教育资源全覆盖、全力推进教育数字化改革"等作为拱墅区"十四五"教育改革与发展工作任务与举措，展现了拱墅区对教育信息化改革的坚定决心。

2.精准教学课堂的具体应用

（1）视频导学

课前教师依据课标、教材，依托教育云平台资源，并结合所教学生的情况编写导学案，为学生搭建学习支架，规划学习路径。同时，准备好相关知识点的教学视频。学生可登录观看，同时把学习过程中的心得体会和疑问记录在预习导学案中，留待课堂中与教师、同学交流讨论。

（2）课前测

导学案中设置少量基础测试题，以考查学生对基础知识的理解和掌握是否准确。学生在基本理解教学内容后，在平板或电脑端完成课前测试，并将结果反馈给教师。教师获取课前反馈后，针对学生课前学习的薄弱点二次设计课堂学习活动，真正实现"以学定教"。

（3）课堂教学

课堂上，教师对当堂知识的重难点内容作精练讲解，解答学生在课前学习中遇到的疑问，组织学生开展进一步的学习活动，提升认知层次。同时，课堂中教师可依托希沃易课堂（见图5-13），从区级资源平台里找到教研员针对每节课开发的精品习题，并结合学生手中的答题反馈器，在课堂中发起抽选、抢答、答题竞赛等活动，实现与学生的答题互动，提高课堂参与度，活跃课堂气氛。也可在课堂中发起学生对各自课堂表现

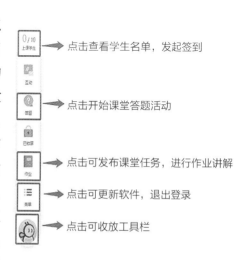

图5-13 希沃易课堂工具栏导航

情况、小组合作情况、作品完成情况等内容的打分动作，即"主观评价"。

（4）课后测

课堂最后 5 分钟，进行课后测。教师提前在教师空间中准备好相关测试题；待教学内容讲解完毕后，可调取事先准备好的题目，在大屏中将其依次展现，要求学生在指定时间内完成答题。课后测可动态展现学生的答题进度、正确率等，最终生成学生答题报告，帮助教师在有限的时间内监测学生学情。

（5）补缺反思

教师根据课后测中暴露的问题，进一步设计课后巩固练习，下发分层作业，指导学生对知识进行查漏补缺。学生利用巩固练习进一步强化对知识的理解和掌握，完善知识体系的构建；也可登录个人空间查看系统自动收集的错题本，及时订正；并根据系统自动推送的举一反三题进行个性化学习。

基于云平台的五环节精准教学流程（见图 5-14）：导学先行，以视频导学引导学生自主学习；以课前测精准采集学业数据，教师通过云平台研究学生的学情，合理选择教学内容和形式，精准设计课堂教学过程；课堂教学精准度量，教师随时测量学生的学习进度和效果，同时还可以据此及时调整自己的教学行为；学生学情精准评价，利用课后测精准评价学生的学习表现。

图 5-14　精准教学流程

在整个教学过程中，平台实时收集教学数据。同时这些数据都会保留至后台，形成学科知识图谱及学生个人知识图谱，方便教师在复习阶段精确把握学生的薄弱知识点，也方便学生开展个性化学习。

3.精准教学的两大关键环节

在开展智慧教学的过程中，智慧作业的布置和智慧错题集的收集是两大关键环节，需要在精准教学中科学应用。

（1）智慧作业

智慧作业可以使学习好的学生不做或少做对他们来说重复的简单题，把时间和精力投放在钻研具有挑战性的难题上来，也可以腾出更多的时间从事课外活动，提高身心健康素质和社会实践能力；同时使学习困难的学生避开对他们来说具有一定难度的作业题，做一些最基础的题目，以保障基本知识点的掌握。这种举措对于减轻学生课业负担，使学生分类成才，健康快乐地学习和生活，促进学生身心健康和谐发展具有积极的作用。

具体做法：区域内学校利用假期时间，结合市面上常见的教辅材料，并针对学校不同层次的学生，分门别类地划分不同习题。在练习题的设计上，精心设计必做题和选做题。必做题面向全体学生，重在巩固基本知识，培养初步的应用能力，达到学习的最基本要求（即学生能在期中、期末考试中考出优秀成绩）；选做题面向C层次和B层次的部分学生，重在发展智力和拓展思维，培养创新能力。

对于A层次的学生控制作业量、降低难度，确保基础知识的掌握，这样学生才会对其产生兴趣。这里所说的"控制"，主要是调整难度不恰当、无法完成的，或不必要的作业，适度增设基础知识的作业量，维持校本作业的总量为一页纸左右。这一点一般表现在计算类教学、概念教学、操作类教学。

对于B层次的学生保持难度，努力完成发展目标。这类学生可塑性较大，他们中相当一部分学生，努力一把也许就能跨入C层次行列，但如果松劲一些也许就会进入A层次行列。因此，布置作业时，须注意作业应有一定的难度，使他们在确保达成基础目标的基础上，努力完成发展目标。这一点一般表现在技能的熟化和概念题目的准确应用上，对思维具备一定的灵活性要求。

对于C层次的学生减少作业量，但要增加难度，给予自由发展的空间。这类学生对教材知识领会掌握较快，解答相应的基础性作业游刃有余。因此，适当减少他们做基础性练习的量，将他们从简单作业的机械练习中解放出来，拥有足够的时间自己去做一些集综合性、灵活性于一体的高智力题，这样有助于其创造性发展。这一点一般表现为增加思维练习题、实践综合类习题。

从智慧作业全局来看，通过一个学期的校本作业数据，教师可以精确地分析本次挑选的校本作业题目是否符合学校整体教学及学生能力水平，为下一届的校本作业迭代提供数据基础，逐渐整理出相对科学的校本作业题目体系。

（2）智慧错题集

区域内学校推出的个性化错题本，是基于云教育平台采集到的学生真实阶段性学情数据，打造的针对每位学生的个性化复习材料。它包括三部分：一是学生本阶段的答题数据及高频考点，方便学生快速掌握本阶段学习情况；二是年级共性错题和精准测验，利于教师统一讲解使用，同时布置相关作业；三是学生个性化错题针对性再练，帮助学生考后及时订正和考前复习。每次考试后，每位老师也会有一本错题讲义，用于课堂讲解。

教师通过手机、电脑等终端，可随时查看教学云平台上收集生成的学生数据（见图 5-15），如每位学生的作业成绩及趋势，每个作业题错误的学生名单及错法等，并可以 Word 文档形式将其导出；学生也可以通过平板、电脑等终端随时查看自己的作业反馈情况。

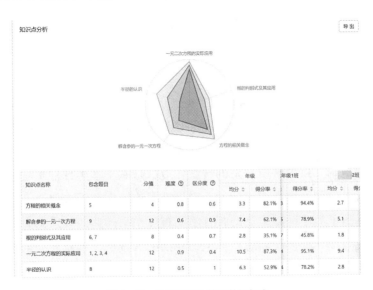

图 5-15　教师端学生答题数据报告

此外，部分学校引进了错题打印机器，可以将错题统一打印后粘贴到错题整理本上（错题打印为可粘贴热敏纸）。这样一方面，减少了学生抄录错题的时间；另一方面，学生可在下面订正，写下解题思路和错误原因，以便于在复习阶段携带及整理，从而达到个人复习效率优化。

三、特色与成效

（一）形成开展智慧教学的学习资源库

拱墅区基于先进的信息化教学基础设施，通过政企合作模式，借助外界先进的数据挖掘和分析技术，对本区学生学情数据进行细致分析，建成了具有针对性的区本学习资源库，并形成了较为成熟的精准教学模式，开发出具有特色的智慧微课、智慧作业、智慧错题集等一系列产品。通过对精准教学的不断实践探索，达到了学习数据采集常态化、校本作业信息化的效果，不仅为全区师生提供了优质的、有针对性的学习资源，也为全省精准教学发展贡献了极具有特色的"拱墅智慧"。

（二）深入开展精准教学研究与实践

拱墅区教育局积极鼓励学校参与到精准教学的改革浪潮中来。杭州市大成实验学校"智慧课堂精准教学系统实践研究"和杭州市大成岳家湾实验学校的"寻点、制课、编本：精准学习反馈的实践研究"作为浙江省教育厅基础教育课程改革重点研究项目"大数据背景下的精准教学"的子课题成功立项。

（三）探索"双减"背景下中小学作业管理新路径

教育部办公厅在 2021 年 4 月 21 日发布的《关于加强义务教育学校作业管理部的通知》中，针对中小学生作业的数量、质量、类型作出了明确的指导意见。文件要求把握作业育人功能、创新作业类型方式、提高作业设计质量、健全作业管理机制。拱墅区所开发的智慧作业，是基于学生日常学习数据，有针对性地为每一位同学个性化设计的。它打破了传统作业无法契合不同学习水平的难点，达到了为不同学生分层布置不同难度水平作业的效果，为未来中小学作业的研究与设计提供了新思路，也为我国的"减负"事业开辟了新视角，走出了新路径。

本案例由杭州市拱墅区教育发展服务中心提供，执笔人：张伟旗　蒋先华　李　琦

第三节　五场景协同的精准教学

内容导图

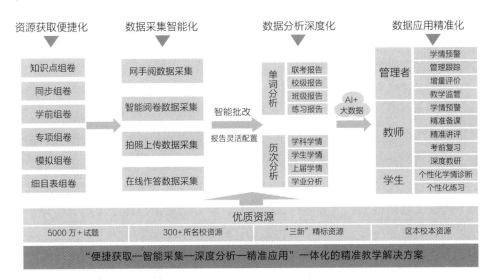

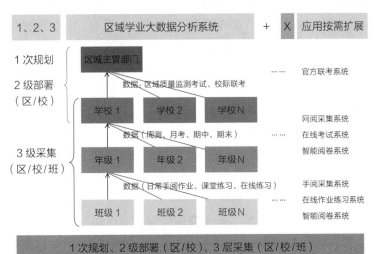

一、背景与问题

2019 年 6 月，中共中央、国务院《关于深化教育教学改革全面提高义务教育质量的意见》提出要融合运用传统与现代技术手段，开展研究型、项目化、合作式学习，精准分析学情，重视差异化教学和个别化指导。2021 年 3 月，教育部《关于加强新时代教育管理信息化工作的通知》提出了"教育决策科学化、管理精准化、服务个性化"的具体要求，要求"推动教育决策由经验驱动向数据驱动转变"。2021年，浙江省教育厅教研室遴选浙江省大数据精准教学实验区，要求实验区重点探索基于大数据的新型教学模式，利用数据分析学生学习全过程，构建学生知识图谱，逐步实现个性化学习；利用大数据平台全方位多层次伴随性生成学生精准画像，实现对学生的精准化评价。

政策对教学和评价提出了更高的要求，强调借助信息化手段使科学性指导教学和评价落地，以"用"为出发点，以数据为驱动，加快实现教育现代化。在以数据为中心的精准教学背景下，乐清市开始规划建设区、校两级大数据平台（乐清市学业质量监测系统和大数据精准教学系统），用于常态化采集学校学业数据和区域学业数据。学校通过校级平台进行查看、分析、应用，区域通过不同层级数据报表的方式进行数据分析，将分析结果应用于考后分析会、学校评价、教师评价等，以此来解决教学过程中的如下问题：学生个性化学业数据缺少统计，无法支撑大数据分析，不利于指导教学；教学问题需要预警并持续跟踪，人为跟进抓不住细节，难以持续跟进解决；教学管理缺少科学评价教师的数据与工具，不利于激发教学效能、提升教学质量；区域数据存储缺少一个平台进行数据的存储、汇聚，数据分析当前仍以人工手动处理数据表格方式为主；数据应用场景较为单一，数据表征事实能力较弱等。

二、思路与做法

（一）总体思路

乐清市大数据精准教学系统采取"区校联动，双向互通"的框架设计思路，从数据采集层、数据分析层、数据应用层分别设计"区域学业大数据系统"和"单校学业大数据系统"。单校学业大数据不仅作为区域学业大数据的主要来源与重要组成，同时学校自身也可以通过对本校学业数据的挖掘与分析，结合自身实际与特点，即时性地对本校课堂教学作出指导与调整。区域学业大数据系统以区域内所有单校学业大数据为主要来源，一方面通过整合、分析多所学校数据，为区域宏观政策制定提供重要参考；另一方面针对个别学校的突出问题，进行有针对性的指导。同时，乐清市构建学业质量监测平台，对接大数据精准教学系统，为单所学校乃至区域的整体教学质量提升提供重要支撑。

（二）乐清市大数据精准教学系统和学业质量监测系统建设

乐清市大数据精准教学平台（见图5-16）按区域级、校级两级体系进行建设，有两个相向的信息流汇聚和传递，即从上至下的决策信息流传递和从下至上的教育教学数据流汇聚。教与学产生的教学相关个人小数据，向上汇聚为学校大数据，各个学校数据进一步向上汇聚到区域平台，形成区域教育大数据。平台整合区域内学校数据、资源数据等，通过单次分析与历次分析结果相结合的方式，为教师、学校领导、区域教育主管部门提供多维度分析报告，实现从宏观决策到微观教学、管理、研究的科学化。

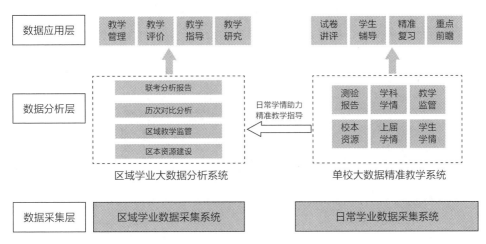

图5-16 乐清市大数据精准教学系统应用框架

校级大数据精准教学系统，整合大数据采集、基础数据分析、精准教学、智能练习、教学监管模块，通过对学校日常考试、测验、作业等全场景学业数据的采集和精准分析，帮助教师及时了解学生学情状态、课堂实际效果与学生个性需求等，帮助管理者了解学业质量等，为教师讲评、备课、教研，为学生个性化学习，为管理者科学管理等提供有力的数据支持。

乐清市学业质量监测平台与校级大数据精准教学系统应用对接。通过汇聚区域内学校教育教学数据，深度挖掘，形成基于教情分析、学情分析、考情分析等维度的教育管理数据化科学决策支撑，实现全区教学资源合理调配、交流共享、教研分析，提升教育教学效率与效果。

（三）应用场景

场景1：区域学业数据汇聚，促进经验管理向数字管理转变

乐清市学业质量监测平台的"教学监管"板块主要用于了解区域内学校的教学行为、教学质量。该板块通过区校两级数据关联，包括教学管理监管、教学活动监管、教学质量监管三大模块，展示地区县学校数、班级数量、教师数、学生数、班生比，区域内组织的联考数、学校网阅考试情况、手阅考试情况、线上练习完成率、提交率、批改率，以及学校组卷数量、校际学情对比、学校学科学情、学校校本题库建设等指标，用以帮助教研员入校指导之前了解学校日常的教研教学行为。该板块通过全面了解学校教研教学特点，实现更科学和精准的教学指导，更好地发挥教研员的价值，提升区域整体教学质量（见图5-17）。

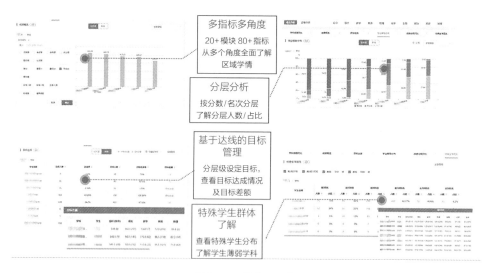

图5-17　场景1示意

场景2：学校教学学情汇总，经验指导向数据精准指导转变

乐清市学业质量监测平台的"考试分析"板块包括成绩分析与试卷分析，汇聚全区学生学业数据，支持题型、学科能力、学科核心素养、课程目标等自定义标签筛选分析维度，从学科成绩对比、成绩概览、目标达线、学业等级分布、成绩分段分析、优秀生学困生六个模块，详细分析整体学情概况、分层学情概况、特殊学生学情概况；另外，可以选择多场考试进行历次对比，多指标横向对比历次情况。该板块主要使用者为学科教研员，用于考后试卷的精准化分析，使教研员从更多维度了解区域学情，了解其优劣势、长短板，为后续的教学指导提供数据支撑，帮助教研员更加科学地评价教学教研情况，并给出有针对性的指导意见，从经验教研逐步向数字教研转变（见图 5-18）。

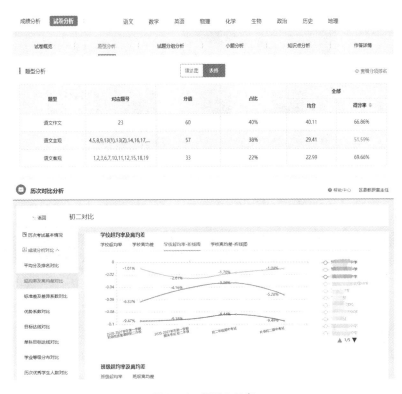

图 5-18 场景 2 示意

场景 3：区域题库资源逐步建立，让学校用对题、用好题

优质资源的共建共享是区域平台建设的重要内容和关键环节。建立区本资源中心，集资源建设、资源管理和资源应用于一体，可为师生课前、课中和课后数字化的教与学提供有效支撑。乐清市学业质量监测平台建立资源接入规范，对于符合教育教学资源体系标准目录结构的教育教学试题资源数据，提供汇集、分类、索引的功能。资源中心提供资源搜索、浏览、分享、下载、评价等应用，通过人工审核机制确保优质资源的持续更新，实现优质资源共建共享、贴合本地需要，从一线来到一线去。目前已经实现教师在"我的资源"中上传资源，可以分享资源到区域资源中心、校本公共资源库。通过乐清本地资源的共建共享，教研室将结合各校学业数据，指导学校筛选试题，设计一校一册的个性化教辅,帮助学校实现学生的精准学与练(见图5-19)。

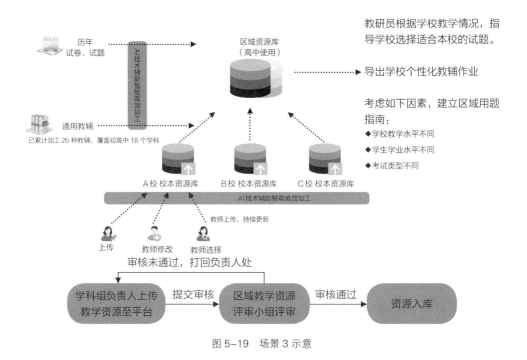

图5-19 场景3示意

场景4:看—诊—管,数据指导学情问题管理

对于学校领导而言,可以利用大数据精准教学系统查看学校成绩对比、学科成绩对比、过往考试的纵向超均率对比、学业分布对比等情况,从宏观和微观分别了解本校在区域中的定位,学科薄弱情况和自身的发展趋势(见图5-20),以此来确定下一阶段学校教学的关注重点。同时,乐清市大数据精准教学系统通过设置学情预警(目标预警、班级预警、学科预警、学生预警)来监管教学情况,通过目标的达成状况,了解年级水平,精准定位目标差距;深入挖掘潜力班级,关注临界生、流失生的转化;关注学生是否有偏科现象,挖掘异常原因,特别是监测学情大幅变动的问题学生,提醒班主任及时关注,做到问题定位到校、到科、到班、到人。系统还有学情提醒功能,发送提醒到具体的教师,教师收到后发送回执并进行改进,通过下一次考试验证改进效果,从而实现诊断问题、管理问题、推动问题的闭环。

图 5-20　场景 4 示意

场景 5：析—研—转—评，数据指导学科教学改进

对于备课组长或学科组长而言，在提升本学科教学质量的过程中，关注本学科基本考情，了解学科现状→基于考情开展教学研讨，进行教学反思与改进→面对现状，挖掘潜力学生，通过潜力学生的转化促进学科整体水平的提升→评价各个班级的学科发展，帮助学科教师实现自我提升（见图 5-21 ～图 5-25）。

（1）分析

备课组长或学科组长通过校级报告中的试卷分析查看本次考试的大题分析、小题分析与知识点分析，进行教学问题的诊断和学习问题的诊断。通过大题分析，了解本次考试考查的题型占比，提高命题能力；查看年级及各个班级对不同题型的得分率，诊断薄弱题型，反思教学策略。通过小题分析，了解每道试题的年级和班级掌握情况，了解学生的学习程度与层次水平。通过知识点分析，查看年级及各个班级的知识点掌握情况，反思改进措施。

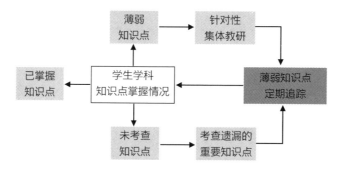

通过试卷分析，诊断教学问题与学习问题，开展教学反思、积累学情经验、部署改进措施

图 5-21 分析应用流程图示

题型	对应题号	分值	占比	年级均分	年级得分率	高三年级2019...均分	得分率	高三年级2019...均分	得分率	高三年级2019...均分	得分率
填空题	13,14,15,16	20	13.33%	6.1	30.49%	7.28	36.41%	6.94	34.69%	5.85	29.27%
主观题	13,14,15,1...	90	60%	44.36	49.29%	52.26	58.07%	52.27	58.07%	40.2	44.66%
解答题	17,18,19,2...	70	46.67%	38.26	54.66%	44.98	64.25%	45.33	64.75%	34.34	49.06%
客观题	1,2,3,4,5,6,..	60	40%	39.58	65.96%	40.43	67.39%	43.06	71.77%	38.29	63.82%
单项选择题	1,2,3,4,5,6,..	60	40%	39.58	65.96%	40.43	67.39%	43.06	71.77%	38.29	63.82%

图 5-22 试卷分析图示

题号	题型	分值	难度	区分度	年级均分	得分率	高三年级2019...均分	得分率	高三年级2019...均分	得分率	高三年级2019...均分	得分率
12 客	单选题	3	0.02	0.01	0.05	1.69%	0	0%	0.12	4.08%		0%
19 客	单选题	3	0.58	0.19	1.73	57.77%	1.11	36.96%	1.71	57.14%	2.03	67.5%
7 客	单选题	3	0.31	0.26	0.94	31.42%	1.37	45.65%	0.92	30.61%	0.68	22.5%
8 主	主观题	6	0.46	0.11	2.74	45.61%	2.83	47.1%	2.92	48.64%	2.68	44.58%
11 客	单选题	3	0.53	0.29	1.6	53.38%	1.57	52.17%	1.47	48.98%	1.13	37.5%

5-23 大题分析图示

知识点	对应题号	知识点权重	年级得分率	高三年级2019...均分	得分率	高三年级2019...均分	得分率	高三年级2019...均分	得分率
函数的零点与方...	16	0.02	0.68%	0.11	2.17%	0.1	2.04%	0	0%
利用基本不等式...	15	0.02	20.27%	1.2	23.91%	1.53	30.61%	0.85	17.07%
两点间的距离公式	11	0.02	29.39%	1.09	21.74%	1.22	24.49%	1.71	34.15%
利用导数研究函...	20	0.06	30.12%	5.11	42.57%	5.35	44.56%	2.05	17.07%
导数中的恒成立...	22	0.06	30.32%	4.7	39.13%	4.67	38.95%	2.73	22.76%

图 5-24 知识点分析图示

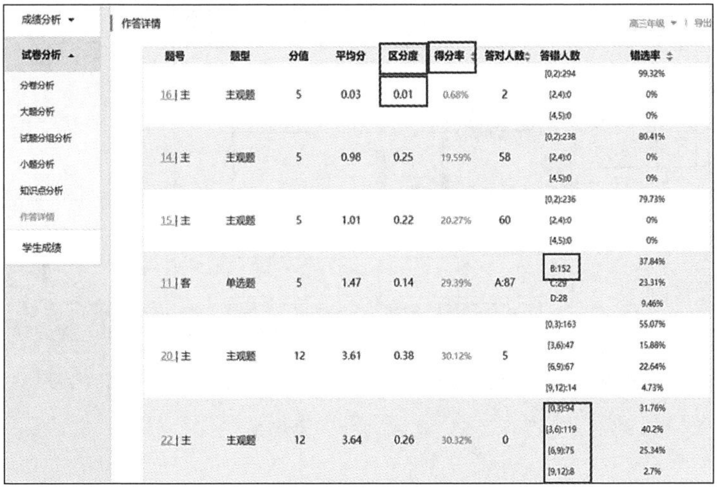

题号	题型	分值	平均分	区分度	得分率	答对人数	答错人数	错选率
16.丨主	主观题	5	0.03	0.01	0.68%	2	[0,2):294 [2,4):0 [4,5]:0	99.32% 0% 0%
14.丨主	主观题	5	0.98	0.25	19.59%	58	[0,2):238 [2,4):0 [4,5]:0	80.41% 0% 0%
15.丨主	主观题	5	1.01	0.22	20.27%	60	[0,2):236 [2,4):0 [4,5]:0	79.73% 0% 0%
11.丨客	单选题	5	1.47	0.14	29.39%	A:87	B:152 C:29 D:28	37.84% 23.31% 9.46%
20.丨主	主观题	12	3.61	0.38	30.12%	5	[0,3):163 [3,6):47 [6,9):67 [9,12]:14	55.07% 15.88% 22.64% 4.73%
22.丨主	主观题	12	3.64	0.26	30.32%	0	[0,3):94 [3,6):119 [6,9):75 [9,12]:8	31.76% 40.2% 25.34% 2.7%

图 5–25　作答详情图示

（2）研讨

备课组长在考后研讨讲评内容时，可以借助试卷分析中的作答详情，关注三个指标指导考后教研：查看年级得分率，研讨共性问题；分析试题区分度，结合教学经验，研讨试题取舍，积累参考信息，提升命题能力；分析得分分布，研讨讲解方式。

（3）转化

学科组长关注临界生的转化工作，可以进一步促进学科成绩和班级优良率的提升。根据上一步分析情况，在校级报告中对临界生进行自定义设置，一般默认及格分数线上下浮动总分 5% 的学生为临界生。可以依据学科具体的学情问题，设置临界分数线。如：在之前的联考报告中我们了解到，某学校数学是相对薄弱的学科，A 等级学生分布 < 区域平均水平，后 50 名学困生过多，因此重点工作放在 B 等生推优和学困生转化。那么就可以设置临界分数线，挖掘潜力班级，关注临界线上学生的保持和临界线下学生的转化。在学优生和学困生中了解需要重点补弱的学困生的分布，推动学困生转化（见图 5–26）。

（4）评价

备课组长通过精准教学—学业分析，了解在历次考试中各个班级的学业发展趋势，评价本次考试各班级名次的进退步情况；评价各班级的阶段性发展趋势；评价各班级的学科学业分布。有的放矢地组织听评课活动，进行异常班级的教师帮扶（见图 5–27）。

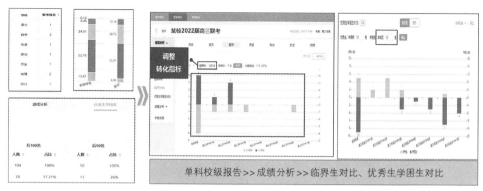

分析学情数据→设置转化指标→挖掘潜力班级→促进学生转化

图 5-26　临界转化图示

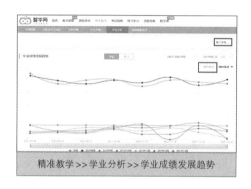

精准教学>>学业分析>>学业成绩发展趋势

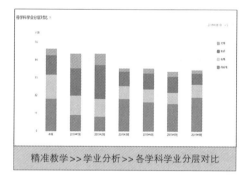

精准教学>>学业分析>>各学科学业分层对比

图 5-27　可视化评价

三、特色与成效

（一）关注学生个性化发展，实现提质增效

个性化教学就是尊重学生个性的教学，必须根据每个学生的个性、兴趣、特长进行施教，亦即学生需要什么，教师便需授予什么，在满足学生共性需求的基础上，针对学生的个性特点和特殊需求，因材施教。通过精准数据下的试卷讲评课、基于学情的复习课教学、个性化的学法指导与辅导、基于目标与增量的教学评价等形式开展个性化的教学，乐清市教育质量得到稳步提升。

乐清市教育局在 2021 年、2022 年温州市高考质量分析研讨会上连续获得温州市普通高中教育教学质量优秀单位。高考特控线上线人数从 2019 年的 1137 人增加到 2022 年的 1639 人，三年增长 502 人，年均增加 167.3 人。本科录取率从 2020 年的 51% 增加到 2022 年的 65%。

（二）关注数据应用，落实数据驱动教研教学

数据驱动的教学有效地转变了区域教研方式。如普高信息技术学科创新模拟考分析会，从传统的"典型代表学校＋教研员"的分析模式，转变为"让每所学校高三教师都成为模拟考分析会的主角"。教研员引导每校高三备课组长以"三张演示文稿"为内容，保证有重点、高效率、有深度地参与到模拟考数据分析中来。这三张演示文稿的内容分别是：①本校本届考生历次大型考试的 A+、A、B、C、D、上线率纵向发展性指标对比分析，以求分析校备考策略的有效性。②选取名次相近的三所同类校，进行小题分的对比分析，明确本校本班级薄弱知识模块。③后期备考改进策略，包括专题研磨策略和临界生进步攻略。

在数据应用于课堂教学方面，乐清市全面开展以数据为主题的各类培训、活动。利用数据的前提是培养教师的数据素养，数据驱动的教学改进有效创新了课堂教学方式，与传统教学有着本质区别。如乐清中学生物学科教师利用调查数据提前掌握学生知识预习情况和学习习惯情况，课堂中根据前测数据呈现相应知识内容。

（三）规划区域资源共建共享，实现教育共富

从 2022 年开始，乐清市教育局教研室统筹组织各所学校各学科教研组分工精编同步作业，分 A、B 两个层次，上传至大数据精准教学平台区本资源库，通过多层审核，确保作业练习质量。同时建立激励机制，真正落实好题进入资源库，目前已经完成试题资源库的基础建设，完成的高中覆盖 18 个学科的通用教辅的习题电子化。下一步将持续丰富资源迭代更新，并基于区本资源库指导各校在此基础上进一步加强作业设计质量，结合学情，编制一校一册的个性化校本作业本，进而实现减负提质的目标。

本案例由乐清市教育局提供，执笔人：林建安　屠乐勇　黄文华　钱成孟

第四节　基于智学网的精准教学

▶▶ 内容导图

一、背景与问题

在"立德树人"根本任务下，如何利用大数据等人工智能工具提高教学效率，实现教与学的减负增效，是一线教师亟须解决的课题。随着人工智能、大数据等信息技术的兴起，课前、课中、课后等各个教学环节都在发生变化。

（一）学生层面的结构化学习需求

在学习过程中，做一定量的题是必不可少的，然而要提防进入"题海战术"

的怪圈，应先行建立完整的学习目标框架，将作业、周测、期考等有效数据进行知识点标注，借助人工智能采集学生纸笔作答数据，运用大数据进行精准诊断，建立知识掌握情况的可视化证据，对学生进行结构化学习非常重要。

（二）教师层面的精准化教学需求

学生的作业、考试数据很多，可通过学习数据可视化技术，把以前的模糊经验型评价变成精准实证型评价。教师根据可视化的数据进行精准备课，实施精准教学。然而，教师的数据素养目前还不够理想，需要有固定的模式以供参考。

（三）学校层面的精细化管理需求

义乌三中采取年段管理制。年段对教师的教和学生的学的评估不能停留在看平均分、贡献率等宏观层面，需要深化到教学班教学质量评估的中观层面，以及优等生、临界生、学困生的学习质量评估微观层面。同时，义乌三中将年段的教学管理常规检查与学业水平质量评估进行联动，形成综合性评价。

从学生的学、教师的教、年段的管等方面的需求，义乌三中依托智学网人工智能平台，积极开展课堂教学改革，研究数据可视化的应用模式，具有一定的推广价值。

二、思路与做法

（一）智学网技术支撑

2020年，随着义乌市"精准教学"学业测评诊断系统的落地，基于智学网的精准教学在义乌三中得到了全面铺开，实现了作业、周测常态化使用，全体教师熟练掌握智学网平台的各项技术。

1.智能大题库技术

智学网有一个大题库，实现了教学资源电子化。义乌三中通过使用智学网的题库，结合上传校本题，逐渐形成了学校的校本题库。校本卷库不仅可以自动保存每次学校练习的试题，并且支持学校教师自己上传题库。校本卷库结合班级阶段性高频错题和知识点掌握情况，智能生成薄弱项训练试卷。

2.数据采集与查询技术

手阅模式不改变学生的纸笔作答习惯，在纸质试卷上留下批改痕迹，先阅后扫，收集学生作答数据，并形成详细的分析报告；对于全年级进行的月考、期考、联考，采用网阅模式，先扫后阅，教师在电子终端进行流水批改，有利于公平公正。学生多次考试数据的调取非常方便，有利于教师进行数据读取，发现教学中的问题，从而有的放矢地调整教学策略，高效提升教学水平。

3.数据可视呈现技术

教学评价取向决定了教师对数据调取的角度，智学网数据统计具有可视化特点，样式多样，色彩丰富，一目了然。同时，获取数据的途径也很多，包括网端图标、打印表格、手机终端等，基本上满足了不同数据素养的教师的教学需求。

（二）总体思路

义乌三中通过教学大数据平台等学情分析工具，结合教师的教学经验，进行精准教学设计，建立了基于大数据的精准教学模式（见图5-28）。

图 5-28　精准教学总体框架

在数据采集阶段，不改变学生的答题习惯和教师的批改习惯，纸笔作答，纸笔批改，再扫描到平台，实现学习数据电子化。在学情分析阶段，通过人工智能代替手工统计，大大节约了教师的时间，提高了数据统计的效率。在教学教研作业阶段，数据支撑实现了精准教学、实证教研、个性作业的落实。义乌三中主要从学生的学、教师的教、学校的管三个层面，深化形成了"建立学习档案的结构化学习""基于数据分析的可视化教学""纵横联动模式下精细化管理"的学教管一体化模式。

（三）应用场景

场景1：可视化教学

学情诊断是教学设计的基础。以前是凭经验模糊判断，或者手工统计知识掌握情况，费时又费力。现在，人工智能10分钟就能帮助教师精准判断学生知识点掌握情况，极大地减轻了教师的负担。大数据诊断技术使教学全程可视化。对课前、课中、课后全流程数据的可视化诊断，有利于精准发现问题，实现最优教学路径。

1.单次测试横向评价

以试卷讲评课为例，义乌三中利用数据诊断进行分层精准讲评。教学流程分为基础性数据分析、基于详解视频的自学互学、共性问题重点讲解、基于个性化推送的精准训练、学习效果反馈等五个环节（见图5-29）。

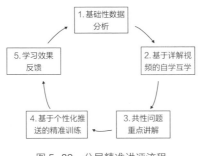

图 5-29　分层精准讲评流程

教师课前进行充分的分析与定位，课中把时间重点用在学生的薄弱知识点、增分点的讲评上。班级共性问题分两种：一是重要知识点掌握薄弱的部分，这是讲评课的重点；二是得分率低的难题。这些题需要学生拥有扎实的基础、敏捷的思维、丰富的经验，不是一次讲评就能解决的。这类题的讲评应适当延后，作为课堂拓展部分，或者进行个别辅导。

2.多次数据跟踪预警

通过多次数据的积累，教师可以评判每一个知识点的班级掌握情况，哪些知识点是班级共性问题，哪些知识点是学生的个性问题。这为教师进行有效的补救式教学提供了可视化依据，操作简单（见图5-30）。

义乌三中基于知识图谱建立大单元精准教学目标、大单元系统评价指标体系。将作业、周测、月考等试题纳入大单元系统评价指标体系中，收集测试数据。横向对比学生的答题情况，当次测试采取基于大数据分析的分层精准讲评教学模式，形成学历案；纵向对比多次测试数据，便于教师及时进行补救性教学（见图5-31）。

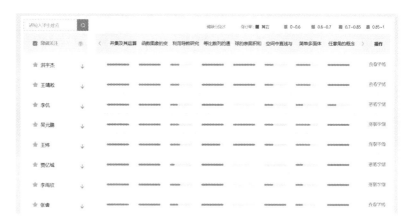

图 5-30 班级学情诊断

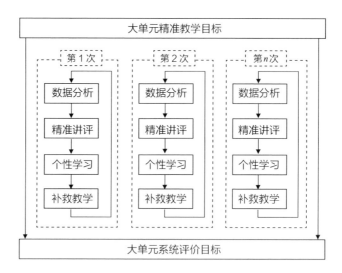

图 5-31 大单元教学目标下的精准教学模式

场景 2: 精细化管理

义乌三中实行年段管理制度。学业质量评价是实现精细化管理的重要途径。尤其是经历大型联考、期考时,如何借助智学网平台获取数据,解读数据发现问题,让"教"和"学"评价可视化是一个重要课题。

多层面学业质量评价是指充分利用考试数据,分析数据、发现问题,追根溯源、剖析原因,以问题为导向,制定精准教学策略,充分发挥数据赋能教学的作用。

首先，数据要贴上知识标签。知识标签至少要有二级，可以参照高考复习参考书，以章节为一级知识标签，每道题为二级知识标签。其次，数据分析要从宏观到中观到微观层层深入。以章节一级知识标签为单位，宏观可横向对比兄弟学校的数据，确定自己学校的优势和问题章节；中观可横向对比平行班级的数据，确定教师的优势和问题章节；微观可深入研究临界生每个章节的掌握情况，确定个性辅导的着力点。分析数据的目的是发现问题、聚焦问题，明确教研方向（见图5-32）。

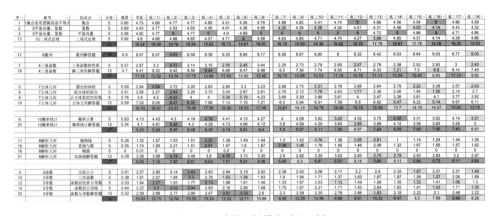

图5-32 班级之间横向对比示例

在中观层面，班主任需要了解班级上线同学各科贡献情况，从而分析优势学科与薄弱学科，做到学科之间的宏观调控（见图5-33）。

在微观层面，班主任和任课老师需要了解每个学生的学科水平，以便打好单元团体战（见图5-34）。

义乌三中借助智学网平台获取数据、解读数据、发现问题，将"教"和"学"评价可视化作为年段管理的基本数据素养。同时引导教师、班主任掌握科学的数据分析方法，形成"分析数据，发现问题——调研反思，剖析原因——集体研讨，改进教学——改后评估，确认落实"的闭环路径（见图5-35），实现精准教学闭环，包括问题精准、对象精准、归因精准、对策精准、评估精准（见图5-36）。

	语文93	数学87	英语107	物理85	化学85	生物85	政治85	历史85	地理85	技术85
1班14人	2	13	8	2					8	11
2班12人	2	11	5	2					11	8
3班10人	1	5	8	1					6	7
4班14人	4	10	10	1					10	9
5班12人	4	10	4	1			3			9
6班10人	4	7	6					5		7
7班4人	3	1	2		0		2	2		
8班13人	6	9	7		1	3				6
9班3人	0	1	1			1			2	2
10班7人	4	4	3			0			6	6
11班6人	2	2	6				1	4		2
12班12人	4	7	4					6	8	7
13班5人	2	2	2				0		5	4
14班3人	2	2	2				0		2	3
15班6人	3	3	2				1	6		
16班6人	5	3	2				1	3	4	
17班7人	4	3	4				3	2	3	
18班5人	2	1	3				3	3	3	

图 5-33　各班级学科有效分人数对比示例

		语文	数学	英语	七选三
绿	低1~5分	[88, 92.5]	[82, 86]	[102, 106.5]	[80, 84]
黄	低6~10分	[83, 87.5]	[75, 79]	[97, 101.5]	[75, 79]
红	低11分以上	≤82.5	≤74	≤96.5	≤74

班级	姓 名	语文	数学	英语	物理	地理	技术	总分	班名	校名	总分2
1班	龚今成	88	114	108.5	98	98	98	604.5	1	1	310.5
1班	郑浩哲	83.5	93	116.5	86	80	96	555	2	25	293
1班	陈雪凝	98	108	107	79	69	92	553	3	29	313
1班	王甘	83	96	106	84	98	86	553	4	30	285
1班	李义南	92.5	95	110	78	91	84	550.5	5	35	297.5
1班	李雨欣	91	91	118	70	88	92	550	6	36	300
1班	吴柯颖	89.5	89	108	73	85	94	538.5	7	58	286.5
1班	傅星磊	84	95	101	82	92	77	531	8	88	280
1班	蒋婧雯	93	89	105	63	98	80	528	9	103	287
1班	朱静怡	84	94	115	64	84	86	527	10	110	293
1班	贝晨阳	76.5	97	99.5	81	82	89	525	11	130	273
1班	赵文暄	85.5	93	97	75	84	88	522.5	12	130	275.5
1班	唐昊	82.5	74	111	73	93	89	522.5	13	132	267.5
1班	陈贞伟	82.5	93	93.5	79	78	94	520	14	145	269
1班	陈昊	94.5	87	96	70	91	77	515.5	15	168	277.5
1班	徐庚锐	72.5	105	104.5	70	76	87	515	16	169	282
1班	王靖淞	82.5	90	110.5	61	94	77	515	17	173	283
1班	张家瑞	77	77	107.5	80	85	88	514.5	18	178	261.5
1班	王晓云	85	87	103	76	85	78	514	19	182	275
1班	杨勇健	75	100	84	72	98	83	512	20	191	259
1班	李启航	75.5	77	101	77	92	85	507.5	21	216	253.5
1班	黄兆鑫	76.5	98	87	71	76	92	500.5	22	273	261.5
1班	吴羿贤	86.5	91	85.5	64	80	91	498	23	285	263
1班	曹文杰	90	78	109.5	65	79	76	497.5	24	289	277.5
1班	陈彦卓	78	61	107.5	72	96	82	496.5	25	295	246.5
1班	龚经锐	95.5	70	109.5	56	86	75	492	26	323	275
1班	宗宝怡	97	88	85.5	60	84	77	491.5	27	327	270.5
1班	吴元鹏	67	79	114.5	71	78	80	489.5	28	336	260.5
1班	张睿	87.5	68	112	59	80	83	489.5	29	337	267.5
1班	丁麒衡	79	89	87	62	87	84	488	30	346	255

图 5-34　高三（1）班学生各学科成绩有效情况示例

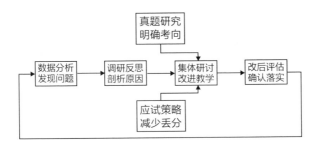

图 5-35　数据分析精准教研闭环路径

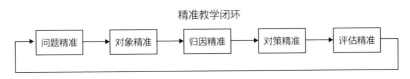

图 5-36　精准教学"五精"模式

三、特色与成效

义乌三中基于人工智能、大数据分析等技术，大大提高了教师精准诊断学情的效率，为实现结构化学习、可视化教学、精细化管理提供了保障。在义乌市精准教学实验区高中学校中，义乌三中的精准教学实践初具成效，具有一定的推广意义。学校被评为金华市智慧教育校园优秀校、"之江汇"高中数学基地校示范校等。

学生的学习效率大大提高，高考成绩逐年递增。在总人数变化不大的情况下，2020 年、2021 年、2022 年高考纯文化课特控线上线人数分别是 58 人、116 人、181 人。

教师专业发展硕果累累。以 2021—2022 学年为例，该学年共有 72 人次在优质课、义乌市"品质课堂"建设精品课评比、英语能力测评指导老师、美术教学、主题活动等方面获奖。有 40 人次主持了市级公开课或讲座，16 人次开展了校级公开课。1 人被评为 2021 年义乌市"最美教师"；3 人获评解题能手称号；1 人获评浙江省教坛新秀；1 人获浙江省 2021 年高中通用技术学科教学活动评审一等奖；19 人在义乌市品质课堂建设精品课评比中获奖；3 个作品入选金华市第 11 批普通高中精品选修课程。

在"双减"背景下，义乌三中充分利用人工智能、大数据分析技术，实现教学可视化，提高教学效率，逐步形成了"学—教—管"一体化的精准教学模式，包括基于知识图谱的结构化学习模式、基于数据分析的可视化教学模式、基于纵横联动的精细化管理模式，具有一定的可操作性、可推广性。

本案例由义乌市第三中学提供，执笔人：陈　锋

第六章 课后服务类教育信息化案例

第一节 多跨融合的"墅智托管"课后服务探索与实践

≫ 内容导图

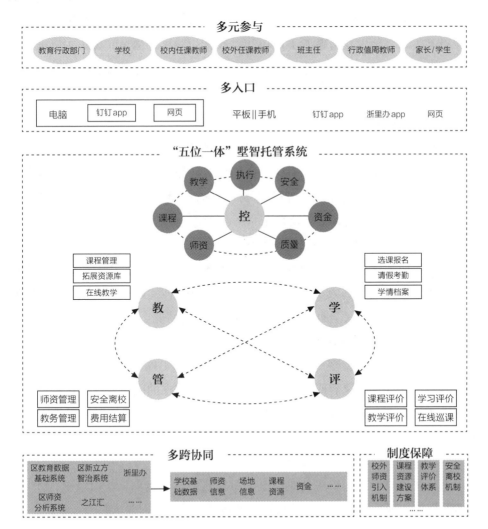

一、背景与问题

（一）政策导向

课后服务是减轻学生过重作业负担和校外培训负担的重要举措。2021年7月，中共中央办公厅和国务院办公厅印发《关于进一步减轻义务教育阶段学生作业负担和校外培训负担的意见》，提出"全面压减作业总量和时长，减轻学生过重作业负担，提升学校课后服务水平，满足学生多样化需求"的发展目标；2021年8月，浙江省教育厅等九部门出台《关于进一步做好义务教育阶段学校课后服务工作的实施意见》，绘制了进一步做好义务教育阶段学校课后服务工作的实施路径；2021年11月，浙江省委改革办将"浙里托管"课后服务应用建设纳入全省数字化改革重大应用"一本账S1"三张清单，聚焦于借助数字化手段落实"双减"。如何借助数字化手段和工具来打造更高效的课后服务治理体系是当前亟待解决的问题。

（二）重大需求

自2021年秋季学期开始，杭州市拱墅区实现课后服务学校全覆盖、有课后服务需求的学生全覆盖，为提升区域课后服务效能，实地走访、调研区内各校课后服务开展情况，梳理出教育行政部门、学校、教师、家长、学生、社会组织等参与主体关注的高频事项及存在的痛点、堵点问题。

1.教育行政部门课后服务质量监管难

教育效能评估难，各校师资力量参差不齐，教学内容是否系统科学、专业师资是否达标等缺乏高效核查机制；全域数据监管难，局校两级数据的精准联动缺少技术支撑，难以全面掌握各校课后服务实施情况。

2.学校课后服务管理执行协同难

课后服务课程类型多、数量多，线下课程编排工作量重、管理难度大；师生课时费用统计难，课后服务在满足学生的托管需求的同时存在不可控性，课时统计工作复杂；学生离校安全保障难，学校缺乏有效手段协同家长保障学生安全到家。

3.教师课后服务课程走班管理难

走班管理难度大，班主任难以全面掌握班级学生走向、学习情况；师生考勤情况记录烦琐，任课教师缺乏高效手段及时记录学生到课情况。

4.家长/学生课程信息掌握难

课后服务拓展性课程多，家长难以全面了解学校开设拓展课程的教学内容、课时安排、收费等信息，难以及时掌握意向课程时间安排是否冲突、有无选中、是否正常开课等选课报名信息，难以全面掌握孩子到课情况、离校情况、学习情况等课后服务参与信息。

5.社会组织师资引入难

缺乏高效引进校外师资的机制及平台，难以有效监管全区校外师资情况，校外师资入驻难，难以引进优秀师资力量。

二、思路与做法

（一）总体思路

拱墅区聚焦课后服务过程中各参与主体面临的痛点、堵点问题，借助大数据、人工智能等数字化技术，打造集"教、学、管、评、控"于一体的线上课后综合管理系统——"墅智托管"。系统共包括教育行政部门治理端、学校管理端、教师应用端、学生家长端和社会组织端等五大端口，支持平板、电脑、智能手机等多终端接入，可通过"浙里办""钉钉"等多入口登录，为各类型课后服务参与主体提供定向智能服务，拓展课后服务渠道，重构更便捷的服务流程，提升课后服务教育效能，从而构建更加高效的课后服务治理体系，促进教育均衡发展，提升人民群众教育满意度和幸福感。

（二）多跨协同

1.业务协同

围绕课后服务涉及的业务，系统协同区基础教育科、区教育发展服务中心、区教育研究院、区青少年宫、区社区学院等相关部门，建设课程管理、拓展资源库、在线教学、选课报名、请假考勤、师资管理、教务管理、安全离校、费用结算、服务评价、全域监管等21个功能模块。

2.数据协同

根据课后服务所涉及的师资、课程、场地、资金等数据，系统对接区新立方教育智治系统、区教育数据基础平台、区师资分析平台，计划打通"之江汇"、财政缴费系统、"志愿汇"等8个跨层级系统，实现数据共享与融合。在校外师资库建设上预留接口，方便与公安大数据比对校外师资身份信息；在报名缴费环节，预留接口与财政资金监管专户对接，实现报名缴费一站式服务；在班级管理中，可将上课场地与未来社区等社会面资源进行共建共享，充分利用大数据的优势，打破系统、教育行政部门、学校、家庭间的信息壁垒。此外，"墅智托管"系统对接国家、省两级信息管理系统的用户认证体系，申请"浙江政务服务网"个人单点登录组件，避免通过多种方式重复验证。系统应用的建设向上对接"浙里课后服务"应用数据标准，向下实现区校两级业务数据统一管理，最后通过浙江省"教育魔方"统一归集课后服务专题数据到省市。

（三）"五位一体"托管系统

通过融通各业务部门，打造集"教、学、管、评、控"于一体的线上课后综合管理系统——"墅智托管"，实现课后服务的师资、课程、教学、执行、安全、资金、质量情况的全面"智控"，同时为课后服务的科学决策提供精准、动态的数据支撑。

1.教：优化整合数字教育资源

（1）线下拓展课程管理

线下开展的拓展课程由任课教师自主上报，教师可个性管理课程名称、课程简介、教学大纲、适合年级等信息，课程经学校、教育行政部门审核通过后，为校内学生提供可自由选择的科学、优质拓展课程。

（2）线上精品课程资源库

汇聚课后服务在线精品课程，涉及艺术、文体、科普、劳动、阅读等多种类型，覆盖各年级各学科，为中小学生提供个性化的学习资源，满足多样化的学习需求。

（3）在线教学

教师可开设课程虚拟班级，为学生提供免费线上学习服务，开展在线互动、交流答疑等教学活动，突破时间、空间限制，创设"人人皆学、处处能学、时时可学"的学习环境。

2.学：系统记录学生学情档案

（1）在线选课报名

报名开启前，学生可通过移动端查阅学校开设的拓展课程信息；报名期间，学生可基于自身的学习兴趣和真实意愿选报拓展课程，系统支持实时、便捷的选退课；报名结束后，学生可查看每日课表、授课教师、时间、地点等信息。

（2）请假考勤

学生可在移动端发起请假，请假信息将推送至班主任，任课教师、行政值周教师可查看班级请假学生详情；教师可通过在线考勤功能，记录学生到课及缺勤情况。

（3）学情档案

学情档案精准、系统记录学生历史参与拓展课程学习情况，包括线下参与拓展课程信息、到课情况、学习表现，以及线上学习课程、学习时长、学习记录等，教师可全面掌握学生课后服务参与及学习情况。

3.管：实现师资、教务、安全、费用一体化管理

（1）师资管理

在校师资库对接拱墅区教育数据基础平台，包含教师任教学校、学历、任教学科、任教学段等基本信息；校外师资库汇聚了经教育行政部门、学校审核通过的校外师资，包含教师学历、任教经历、获奖情况、无犯罪记录证明等信息。

（2）教务管理

围绕课后服务业务流程，实现排课管理、报名管理、班级管理和课表管理四大业务模块。一是排课管理，学校可灵活设定"1+1""1+X""X+X"等托管模式（"1"为基础托管班，"X"为拓展性课程），基于课程资源库、师资库、场地库，排定课程授课时间、场地等信息；二是报名管理，学校可设定一次报名、二次报名时间段，报名期间可实时查看课程报名进程；三是班级管理，学校可按照学生报名情况及意愿，执行智能分班、调课、退课等操作；四是课表管理，系统自动生成全校、教师、学生、场地、行政班五大课表。

（3）安全离校

借助人脸识别、实时视频监控、语音即时通话、消息实时推送等方式，系统实时监管、记录学生安全到家情况，全流程可追溯，为学生安全离校保驾护航。

（4）费用结算

系统在学期初可根据学生选课情况及困难学生减免名单自动生成应缴清单，学期结束可根据学生到课情况、教师授课记录生成结算明细清单，同时全过程记录学生缴费、退费情况，让费用结算更加方便、透明。

4.评：实行多元、多维度评价机制

（1）课程、教学评价

系统为学校、家长提供对教师、课程多维度评价的通道，家长可对外聘教师课程进行一课一评，学校可对教师课程进行一学期一评。结合可视化的评价结果，教育行政部门、学校可实时追踪学生对各门课程的评价及满意度情况。

（2）学习评价

任课教师可通过上传图文、视频等形式记录学生参与课后服务的学习情况，包括学生的作业完成情况、学习状态等，家长可全面掌握孩子学情，家校协同更为高效。

（3）在线巡课

行政值周教师在巡课过程中可通过图文的形式记录各班课后服务情况，包括教师到岗情况、学生到课率、教学秩序等，形成系统的巡课记录，教育行政部门、学校可实时掌握各班课后服务状况。

5.控：实现全域智控，系统、精准、实时掌握课后服务开展情况

（1）学校管理端

学校管理端集成课后服务报名分析、X课程综合分析等多维度可视化报表，全面展示学校各年级学生每日、每周课后服务参与情况，动态呈现热门课程及评价情况，助力学校实时监测课后服务动态和质量，精准、动态把控调整课后服务的教、学、管、评。

（2）教育行政部门治理端

教育行政部门治理端汇聚各校师资、课程、班级、学生、场地等数据，经过大数据沉淀，形成"局端课后服务数字驾驶舱""学校每日课后服务数字驾驶舱""课后服务师资分析大屏"三块数字看板，全面"智控"课后服务的师资、课程、教学、执行、安全、资金、质量情况，打破家庭、学校、教育行政部门间的信息壁垒，实现监管信息充分共享，为教育行政部门的科学决策提供数据支撑。

"墅智托管"系统界面见图6-1～图6-6。

图 6-1 "墅智托管"家长端主页面

图 6-2 "墅智托管"家长端——学生报名选课界面

图 6-3 "墅智托管"教师端主页面

图 6-4 "墅智托管"教师端——班主任查看学生到家情况

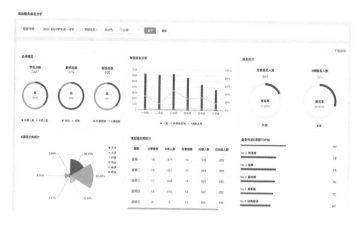

图 6-5 "墅智托管"学校端主页面

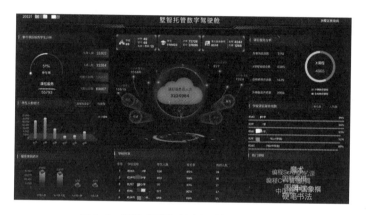

图 6-6 "墅智托管"教育行政部门端主页面

三、特色与成效

通过几年的研究探索与实践，拱墅区依托"墅智托管"取得了以下成效和成果。

（一）改革成效

1.教育服务从"碎片化"向"整体化"转变

原先课后服务涉及的师资引入、课程设置、费用结算、安全离校、教育评价等业务需联系不同的负责科室，一体化课后服务管理平台的打造，融通了这些功能模块，实现了业务数据的共建共享，为学校、教师、学生提供一体化的教育服务。

2. 教育执行从"传统纸质"向"数字化"转变

原先课后服务所涉及的课程信息、课程报名、考勤、评价、学生离校等环节由多部门纸质填报、统计、上交、反馈，现在在线操作即可完成，大大提升了课后服务管理、执行效率。同时，学校、教师、家长可全面掌握课程信息、选课报名信息与离校动态等，强化了课后服务信息的透明度，为更好实现家校协同育人提供支持。

3. 教育决策从"经验驱动"向"数据智治"转变

原先各校课后服务预计开设的课程量、班级数、班级允许报名人数、所需的师资数量、场地数量等因素由经验估算设定。借助"墅智托管"系统，学校可对各年级每日参与课后服务的学生、教师和涉及的课程开展情况等进行智能化、多元化分析，为教育行政部门、学校提升课后服务质量的决策提供数据支撑，提升区域课后服务治理效能。

（二）实践成果

1. 服务面广

"墅智托管"系统自2022年2月上线，全区89所小学、初中和九年一贯制学校全面推开使用。2022年春季学期，系统开设2755门拓展性课程，开设基础托管班1216个，7.3万余名家长参与报名选课，课后服务总人次为2988957次；2022年7月，"墅智托管"系统暑托模块启用，为区域内22个中小学暑托点、2241名参与暑托学生及1000余名暑托教师提供服务；2022年秋季学期，系统开设4865门拓展性课程，开设基础托管班级3108个，课后服务总人次为3233995次。截至2022年9月，系统已为138190名学生提供服务，课后服务总人次为6222952次。

2. 数据归集量大

"墅智托管"系统共收录98619条学生信息、8913条校内教师信息、1671条外聘教师信息，包含7620门艺术、文体、科普、劳动、阅读等类型的拓展性课程信息。系统按照省市相关标准规范建立数据编目，于2022年6月成功与浙江省"教育魔方"对接。截至2022年9月，共计完成学校、教师、学生、课程四大类数据的上行，累计275万条。

3. 实践成果丰硕

"墅智托管"系统被确立为全省数字化改革重大应用"一本账S1"清

单——"浙里托管"课后服务应用数据规范拟定试点区域、浙江省2022年教育领域数字化改革创新试点项目；课题"'双减'背景下技术赋能区域课后服务治理的框架及实践路径研究"被立项为2022年度浙江省教育信息化研究重点课题。

4.社会效益显著

"墅智托管"系统作为典型代表先后在杭州市数字社会应用场景路演、浙江省数字化改革数字社会系统应用场景路演中做分享；相关建设成果先后经浙江日报、浙江教育报、杭州日报等报纸刊发，经中国新闻网、人民网、浙江新闻等主流媒体报道，受到学校、家长、社会组织等课后服务参与主体的好评。

本案例由杭州市拱墅区教育发展服务中心提供，执笔人：章赛凤　王大龙　冯卓珩

第二节 "安心接"助力破解课后托管家长接娃难题

≫ 内容导图

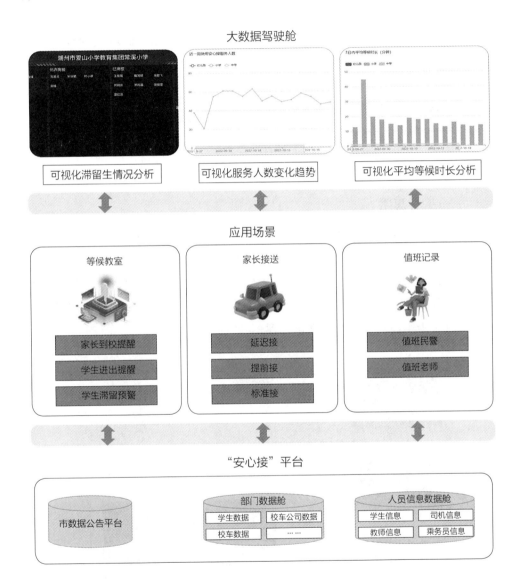

一、背景与问题

国家"双减"政策实施后，学校课后服务结束时间与部分家长下班时间冲突带来的接娃难题越来越突出。放学高峰期，校门口人员复杂，接学生的家长由于缺少凭证信息而无法确认身份，加大了学校管理难度。在学生接送管理方面，学校传统管理模式耗费大量的人力物力，由于家长、教师、学校不能及时获取学生等待和接送信息，学校无法获取学生接送的相关数据，从而带来各种安全隐患。

爱山小学教育集团常溪小学依托数字化手段，搭建页面友好、操作便捷、功能全面、运行流畅、安全稳定的"安心接"系统，用于学生的安全接送管理，实现学校、教师对学生接送的实时管控，填补家长和孩子之间的信息互动缺失空白，增强学校、家长、学生之间的沟通服务能力，提升家长接送效率，解决学校安全管理中的其他相关问题。

二、思路与做法

（一）总体思路

"安心接"智能化托管服务系统应用数字化技术，打造基于学生分类管理的一站式服务平台（见图6-7）。根据实际需求，设置家长、学校、教师、值班民警等不同端用户管理权限，学校增设候接室，通过学生信息管理、等候教室设置、等候信息查询等功能应用，对学生数据进行多方面的统计分析和可视化展示，进一步实现对学生的精准化管理。

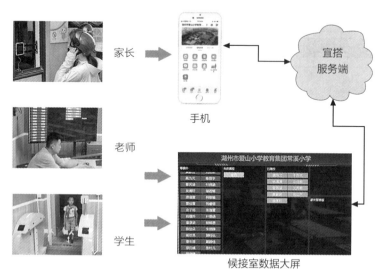

图6-7 "安心接"智能化托管服务系统多端用户使用场景

（二）建设实践

"安心接"智能化托管服务主要是为了保障家长接送学生的安全。如果学生未被接走，老师带学生去等候室托管，学生在等候室的终端设备上刷脸签到并发送等候信息通知家长和班主任，学生可以在等候教室等待接送或自行学习，班主任和值班老师还可以通过"安心接"智能化托管服务系统的数据大屏查看等候室的学生托管情况。家长可合理安排接送出行时间和路线，减少社会公共交通的堵塞风险。家长到校后，通过手机端点到或校门口设备上的刷脸签到，等候室中的设备会语音播报学生家长的到校信息，学生在等候室的闸机上刷脸离校，离校信息通过"钉钉"发送给班主任和家长。"安心接"服务流程见图6-8。

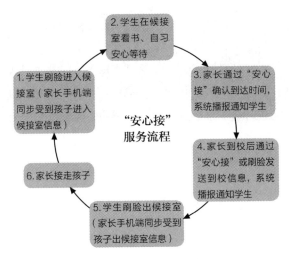

图6-8 "安心接"服务流程

1.等候教室

（1）学生进出提醒

课后托管结束后，家长未能及时到校接送的学生进入候接室。学生刷脸进入候接室后，家长同步收到"您的孩子于*点*分进入候接室，请您尽快来接哦！"的信息提醒，孩子们可在候接室看书、做作业安心等待家长来接。

（2）家长到校提醒

家长到达校门口后，通过手机"钉钉—安心接"发送"家长已到校门口"的信息通知，系统会发送语音消息到等候室告知孩子，学生刷脸离开候接室，家长同时收到"您的孩子**现已经离开候接室"的信息提醒,并发送给班主任,形成安全闭环管理。

（3）家长留言板

如果家长临时有事或开车遇到堵车等突发情况,可以通过手机端"钉钉—安心接"给候接室发语音留言,预约到校时间,让值班教师和孩子了解家长的来接状态（见图6-9）。

图6-9 "安心接"信息屏

2.值班记录

值班教师通过刷脸进入、离开等候教室,形成值班考勤记录;值班民警通过校门口刷脸形成值班考勤记录。

3.学生接送数据报告

"安心接"智能化托管服务系统在实现管理精细化和服务高效化的同时,通过对各项工作进行数据化追踪,做到精准管理、智能分析统计,全流程闭环管理,提高管理工作效能,实时收集在线数据,及时准确了解校园安全状况,并可与历史数据进行联动比对,帮助学校科学决策,做好学生管理工作,完善家校沟通渠道（见图6-10）。

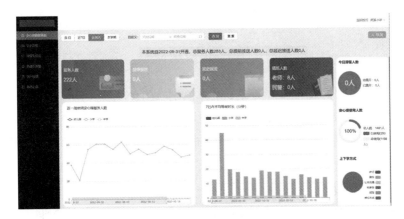

图 6-10　学生接送数据报告

（1）精准家访

利用后台大数据，将延时托管次数较多的学生信息推送给班主任，用于针对问题分析原因，加强与相应家长的交流沟通，对学生开展针对性关怀，让家长更安心，使延时托管变成家访时间，提升家长对学校的满意度（见图 6-11）。

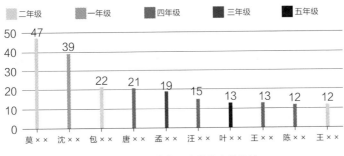

图 6-11　候接室学生等待次数统计

（2）协同交通

"安心接"智能化托管服务系统实现数据的实时共享，与交警、公安、交通、城管等部门信息互通，可动态调整执勤人数和执勤时间，精准用好各项社会资源。

（三）相关措施

1.开展技术培训

学校首先开展教师"安心接"智能化托管服务系统使用培训，然后制作好使用步骤说明，由班主任在"钉钉"班级群发送给家长，使家长掌握使用方法。

另外，在开始使用时，安排教师在校门口对家长进行现场使用指导，让家长真正体验到便捷。

2.高效采集信息

"安心接"智能化托管服务系统依赖全体学生及家长的信息，尤其是人脸数据，否则学生刷脸进不了候接室，家长也无法发起接娃申请。因此，安排在每年开学报到当天，进行新生和插班生的信息采集，家长在教师指导下自愿进行人脸采集。

3.等候教室管理

值班人员全部由校务人员轮流承担，让老师们晚托结束后能准时下班，切实减轻教师的工作负担。另外，学校强调按时接送，指出延迟托管候接室是针对确实接送有困难的家长推出的服务，要求各班教师强调晚托班结束家长来接的准时性，否则会出现人数超过候接室容量，引起秩序混乱等问题。

三、特色与成效

"安心接"智能化托管服务系统得到了家长、学生、老师的普遍认可，很好地解决了"延时托管接娃难"这一共性问题。

（一）对于家长有温度

"安心接"智能化托管服务系统上线后，校门口家长吵闹的情况少了，实现了高效快捷接送，有效缓解了校园周边的交通拥堵状况。

（二）对于学生更安全

"安心接"智能化托管服务系统解决了学生在校门外无效等待的情况，为等候学生提供一个良好的环境，在家长和学生间搭建了信息联系通道，通过定点接送、信息提醒和等待时间的有效利用，人身安全更有保障。

（三）对于教师能减负

"安心接"智能化托管服务系统解放教师的时间和空间，由原先"点对点等待"家长接孩子，转变为候接室"集中托管"，从分散式管理到校务人员集中管理，切实减轻了教师的工作负担。

（四）对于学校"慧"管理

"安心接"智能化托管服务系统有效提升了学校管理延迟接送学生的工作效能，实现了决策科学化、管理精细化、服务高效化的全流程闭环管理，同时节约了管理和时间成本，也拓展了数字化助力学校治理的应用范畴。

本案例由湖州市吴兴区爱山小学教育集团常溪小学提供，执笔人：钱国兵

第三节　"四轮驱动"县域作业管理

内容导图

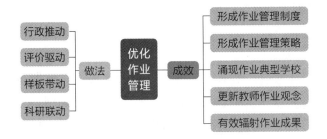

一、背景与问题

（一）县域作业管理现状

据 2019 年浙江省中小学教育质量综合评价报告，县城学校、民办学校作业指数分别为 18、5，负担感受指数分别为 20、16，呈现出作业量大、学生负担重的现象，而乡镇学校作业指数为 41 分，负担感受指数为 16 分，呈现出作业量少质差、学生负担重的现象。

作为山区县，青田县中小学校规模大小不一，少的几十人，多的 2000 多人，学校管理水平也参差不齐，特别是在作业管理上。

（二）侨乡人民对高质量教育的诉求

随着侨乡青田经济的快速发展，青田人民对高质量美好教育的需求日益增强。青田县优秀学生流失到外县外市人数比较多，而"公民同招""属地招生"等教育政策的出台，更是引起青田人民对教育的高度关注。"努力让侨乡的每个孩子都能享有公平而有质量的教育"日益成为侨乡的主流共识。传统的通过不断延长学生学习时间，增加学生学业质量的"粗放型"提质方式越来越不被人民认可，广大人民迫切需要一种借助"适量适切"的精准作业，通过在相对宽松的学习生态中的"集约型"提质方式，最终实现孩子的全面、高质量发展。

（三）构建素质教育生态环境的需求

中共中央、国务院《关于深化教育教学改革全面提高义务教育质量的意见》，中共中央办公厅、国务院办公厅《关于进一步减轻义务教育阶段学生作业负担和校外培训负担的意见》和教育部办公厅《关于加强义务教育学校作业管理的通知》等文件的密集出台，标志着我国教育生态环境将发生巨大的改变。深入实施素质教育，推动学生德智体美劳全面发展，提升学生学习质量和学校办学品质，构建青田县中小学科学健康的素质教育生态环境，是大势所趋。作业作为净化生态的关键环节，被推到了改革的前沿。

二、思路与做法

青田县根据县情况，采取行政推动、评价驱动、样板带动和科研联动的"四轮驱动"方式，依托"浙里课后服务"平台对青田县中小学校学生的作业进行科学、精准管理，旨在提高教学效果的同时，也能减轻学生的压力。

（一）行政推动：自上而下，科学设计

没有行政的推力，改革举步维艰。作业管理推进涉及诸多环节、诸多群体，需要系统谋划。遴选人选、组织专班、合力谋划是有效方式。为此，青田县教研室牵头组建专班，成立了由11人组成的大课题组。成员既有教育局机关的主要科室负责人，又有学校管理层；既有教学骨干，又有管理能手；既有城区学校，又有乡镇学校；既兼顾学段，又兼顾学科。这样组建的专班，有较好的代表性，更有较强的凝聚力、战斗力、执行力。专班组建之后，既分工又合作。通过研读政策文件，收集其他县域经验，获取一线学校、师生、家长建议，集各家之长，形成优化作业管理的指导意见和行动方案。这样的意见和方案接地气，实操性强。同时，专班研讨的过程就是统一思想的过程。

（二）评价驱动：完善评价，强化考核

评价是指挥棒，有什么样的评价，就有什么样的改革导向。为了有效推动学校落实优化作业管理，青田县教研室将作业管理纳入学校发展性评价考核、校长能效考核等，并明确要求学校出台相应作业管理制度和考核评价制度，将优化作业管理纳入教师业绩考核。通过教育局—学校—教师自上而下的逐层考核，以考核的推力，促使学校、教师由被动到主动融入作业管理。充分利用"浙里课后服务"平台，广泛开展"教师晒作业""家长评作业""教研员核

作业"，让作业改革与数字接轨，实现数字赋能储能。同时，不定期了解学生、家长反馈，开展问卷调查，借助大数据等平台，及时跟踪了解学校优化作业管理进程与成效，以过程性评价和结果性评价相结合，督促学校主动作为、善于作为，让优化作业管理成为学校的常规工作，教师自觉行为。

（三）样板带动：遴选试点，由点到面

理论离不开实践，实践出真知。2020年3月，青田县教研室遴选了青田县华侨中学、船寮镇中、城东小学、温溪二小等四所学校进行试点。这四所学校入选是因为它们都较好地兼顾城乡、学段、规模，有推广的价值。每所学校试点时，年段不一，侧重不一。如华侨中学侧重探索数字赋能来助力作业控量，船寮镇中侧重探索农村初中作业如何提高设计质量，城东小学侧重探索如何从源头、设计、反馈等环节监督、考核来实现作业减负，温溪二小侧重探索集团、教务处、学科组和教研组等团体力量如何层级管理落实作业优化，等等。通过试点学校的探索，青田县教研室及时总结得与失，修订原有指导意见和行动方案，逐渐形成适合县域四种类型（规模初中、小规模初中、城区小学、乡镇小学）学校的优化作业管理路径。

2021年3月，进一步扩大试点，试点校由四所增至十所。2021年9月，借"双减"之势、全县校长会议之机，青田县教育局正式出台了《关于进一步优化作业管理的指导意见》，全面铺开。

（四）科研联动：教研赋能，技术支撑

作业管理从来不是简单的一件事。它需要系统的思考、理性的思辨、科学的实施。为此，2020年，青田县教研室推出"优化作业管理"专项课题，鼓励学校或教师积极申报，以课题研究破解实施过程的困难和问题。2020—2021年，全县优化作业管理立项课题达79项。学校或教师借助问卷、访谈、实地考察等方式，发现学校或学科作业管理问题，再通过纵向分类、横向综合，提出分类优化目标，实现找准问题、诊断问题、破解问题。同时，借助"简道云"平台，技术赋能作业管理，进一步简化作业统计流程，提升了作业统计速度，让作业管理实现"最多录一次"。

三、特色与成效

自2019年1月开始至今，青田在县域推进优化作业管理方面取得了一些成效，并形成了县域作业管理的治理体系。

（一）初步形成了一套基于"浙里课后服务"平台的作业管理制度

以习近平新时代中国特色社会主义思想为指导，青田县全面贯彻党的教育方针，聚焦作业管理的重点难点问题，围绕作业管理的四要素，即定位、数量、质量、评价，构建"适量、适切"的作业管理新样态，让作业走向精准，为每个学生提供适合的教育，全面提升作业管理效率（见图6-12）。

图6-12 "适量、适切"的作业管理新样态

2022年，青田县成功申报浙江省义务教育阶段作业改革实验区。抓住这一契机，结合2021年青田县教育局出台的《关于进一步优化作业管理的指导意见》文件精神，建立《关于推进浙江省义务教育阶段作业改革实验区建设实施方案》《省作业改革实验区推进工作方案》《青田县中小学校作业改革评价考核实施细则》系列制度，形成作业闭环管理，指导学校开展作业改革工作，引导大规模学校不断优化作业管理，帮扶小规模学校逐步完善作业管理体系。

（二）初步形成了县域统筹推进作业减负的有效策略

通过实践研究，青田县通过表格量化、数据采集、专题研讨、考核评价等策略，统筹推进作业减负。如表格量化主要指教师作业布置登记表、书面作业选题登记表等表格，指导学校针对作业完成预设时间、实际时间、合计时间三个时长进行数据分析，对各学科作业用时分配进行科学合理的指导和分配，改进作业质量。要求学校根据作业内容、作业来源、作业层次、作业先做等四个方面，设计书面作业选题登记表，要求教师布置的作业，教师要先做、先选，杜绝不经遴选随意布置的"粗放式"作业布置方式。探索用智慧笔、高拍仪等设备采集学生作业数据，推送个性化、精准化作业。

（三）初步涌现了一批"规范＋特色"的作业减负提质优秀学校

在县域推进作业管理优化的实践过程中，各学校立足校情，小切口、深角度，逐步推进作业管理优化，不断提升作业质量，有效减轻了学生的校内作业负担。在实践过程中，青田县初步培养了一批管理规范，具有特色的作业减负提质学校。如华侨中学整体作业设计系统科学，作业控量注重"实"，用好省编作业本，统筹各学科作业时长。作业提质走向"深"，重抓作业研讨、二次批改、错题管理。特色亮点关注"全"，语文学科布置跨学科作业，自制诗集；数学学科布置说题作业，让学生说题意、说分析、说解答、说总结、说拓展；科学学科开展模型制作、实验操作；英语学科进行英语配音、情景表演活动；社会学科开展手绘地图、模型制作等。

船寮镇小探索"数智"减负，基于基础数据的采集和分析，错题收集效率提高；利用系统智能生成的题库，重构一份适应学情的阶段性练习，逐步实现学生作业的个性化定制；年级段同学科的教师独立组卷与集体组卷相结合，增强资源共享效益；利用"云思智学"系统，直观呈现班级整体和学生个人作业情况，进行精准讲评；一键导出学生个人、班级、年级作业情况，生成雷达图、趋势图等，实现作业多维反馈可视化；学校按周、月、学期进行作业概览，教学管理实现精准研判。温溪实验学校把作业设计成手抄报、演讲赛、书签等，最终实现由"作业"走向"作品"。

城东小学出台作业公示制度、"两个优化"（课堂、作业）管理制度、作业批改跟踪记录制度、作业量调研制度等一系列校本制度来细化作业管理，推进作业控量提质。城西小学通过"三精"设计提高作业质量：精心设计校本作业，建设校本作业库；精心设计单元错题，建立单元易错题库；精心设计创新作业，丰富作业类型。温溪二小提出以"单元集体备课"为载体优化作业设计，主要通过精选、改编、自编三种形式设计课后作业；充分运用教研组智慧创新自编周末作业，整合现有作业资源，实现作业的提质。

（四）初步达成减负提质的效果，更新了学校和教师的作业观

县域推进作业管理改革提升了学业质量，营造了良好生态。如2020—2021学年，青田县学有余力学生数量明显增加，在丽水初三学业质量监测前20%的学生人数中，共增加60人；试点学校华侨中学进步人次40人，温溪二小四年级T分增幅21%，明显大于县域其他同类学校，关注生也远低于县域同类学校。

县域推进作业管理改革减轻了学生的作业负担，促进了学生德智体美劳的健康发展。如城东小学三（6）班徐想同学说："'双减'后，首先我的书面作业基本上在学校的托管时间就完成了。回家后，我可以根据自己的爱好，看看书，背背小古文，挑战一下难题，既轻松又快乐。"

（五）初步辐射引领了区域，得到推广

青田县域推进作业管理优化的实践研究在省、市、县层面分别获得好评。2023 年 8 月 23 日，在龙泉召开的全市教研主任会议上，青田县教研室作了作业改革的经验交流，得到一致的认可。9 月 7 日，丽水市教育局领导来青田县开学检查，对青田县落实作业管理的做法给予肯定，并建议作为县域推进作业减负的经验推广。9 月 29 日，青田县在省市和山区 26 个教研主任会议上进行了关于县域推进作业管理优化的专题报告，引起全省 26 个山区县同行的好评。10 月 25 日，青田县在青田—古蔺教育工作交流会上，汇报了县域作业管理制度改革的专题，受到四川古蔺县教育同行的好评。11 月 8 日，在全市初中学校提升培优推进会暨"双减"工作培训会上，青田县作了以"四轮驱动"推进县域作业优化的经验交流，获得与会者一致好评。青田县域推进作业管理优化的实践研究覆盖了全县中小学，其影响力辐射了浙江省 26 个山区县。

本案例由青田县教研室提供，执笔人：叶新红　兰宇香

第四节　智在阅读：打造全岛悦读乐享新样态

>> 内容导图

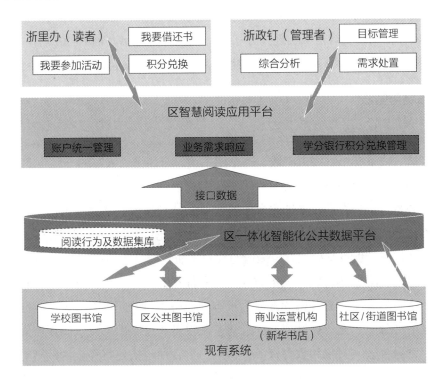

一、背景与问题

舟山市普陀区有大大小小 40 多个有居民居住的海岛，离岛学校占该区中小学的三分之一，且多数是小规模学校。按照生均 30 册、年生均新增 2 册的图书配比，一些小规模学校的藏书量十分有限，制约了学生的课外阅读。2021 年普陀区教育局开展"智在阅读"项目，出资 298 万元，用统一的标准，给每一本完好的图书内置一个 RFID（射频识别技术）芯片。只要扫码芯片，该书的来源、所有者等信息就能上传到区级统一平台。如此一来，每本书都有了一个电子身份证。学生借还书的方式也简单了，只要登录"智在阅读"就能完成所有的手续。在校内，图书馆的借阅机和教室外的电子班牌都可查询书目及在馆信息。在校外，移动设备上安装一个 app 就能进行操作。

"智在阅读"的成功运行，得到了当地区委区政府的高度重视。2022 年

3月，在市区图书馆的大力支持下，该区安排教育局牵头，联通教育系统图书馆与文化系统图书馆的数据，以"智在阅读"平台整合全区的阅读资源，两者间通借通还，实现全岛师生、居民共用一个平台。但目前阅读资源共享率低，社会图书资源未充分整合；海岛异地借还存在障碍，城乡居民综合阅读率差距仍然较大；阅读活动线上线下未实现充分联动，阅读形式、活动及服务相对单一，因此构建数字化全场景服务型"书香"社会，成为破解当前问题的重要途径。

二、思路与做法

（一）总体思路

打造"线下有书、线上有数、一个图书馆、全岛读书人"的全民阅读社会。构建本岛与偏远海岛阅读资源流通渠道，打通区域阅读服务的"最后一公里"，借助大数据、"智慧+"、先进的人工智能及云计算技术，从根本上改善普陀区广大市民的阅读生态和文化氛围，形成舟山市普陀区全区一个图书馆、阅读一件事的新样态，促进基础教育"阅读与综合素质"融合的体系。"智在阅读"应用场景聚焦读者群体，以"立德树人"为总体指导目标，以提升广大市民尤其是中小学生的人文素养和阅读素养为根本。在舟山市普陀区教育系统校园信息化建设的基础上，充分提升现有信息化基础设备和公共图书馆及阅读空间的利用价值，融合公共文化和教育资源，协同力量，通过搭建贯穿全区的智慧阅读平台，简化信息应用管理操作难度，打破壁垒，协同资源，提高效率和服务水平，助力社会信息化向智慧化的转变。同时通过大数据的实时采集，将海量数据与复杂计算问题通过云计算平台实时地进行分析和处理，有利于普陀区政府通过融合在基础框架上的智慧控制网对阅读内容和阅读行为进行服务、跟踪、把控和管理。

（二）建设实践

1.完善硬件设施，打破阅读壁垒

（1）搭建"两端"

"两端"主要是指服务端和决策端，在服务端主要有"钉钉"和"浙里办"（见图6-13）。

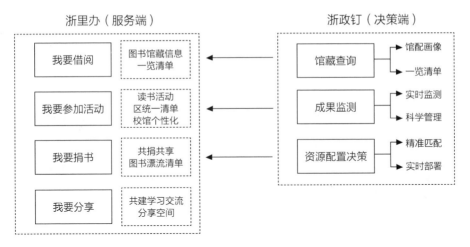

图 6-13 智慧阅读"两端"架构设计

①服务端: 2021 年 10 月,"钉钉"手机端上架了"智在阅读"应用。教育系统内所有学校实现了图书信息互联互通,打通了线上阅读、图书自助借还、智慧电子班牌、学生身份认证等系统数据,建立了师生阅读数据库,实现阅读层级管理和数据分析。教师可以打开"钉钉—智在阅读"发布看书任务、及时了解学生阅读情况,还可以灵活出题。学生可以在机房、家里电脑或是移动设备上进行阅读答题测试。出题内容包罗万象,兼具深度和广度,能够较为全面地反馈学生的阅读水平。根据学生的阅读情况,平台还勾勒了学生基本的阅读画像,展示了阅读足迹、阅读书目数量、各月阅读数字分布、阅读均衡度分析、阅读能力分析和总结等,有利于教师深入了解学生信息提取、创新运用、解释推断、评价鉴赏、概括分析等具象化的阅读能力。后期将"钉钉"端的应用转移到了"浙里办",但是学生和教师依然可以在"钉钉"端进行使用。

2021 年 12 月,"浙里办"上架"智在阅读"应用,市民可通过"浙里办"到任意图书馆和阅读空间进行查阅、检索、预约、借还,实现全区阅读资源的共建共享,集约社会资源。读者可以"一指查询、一指预约、一指借还"。"智在阅读"实时更新图书统一查询、预约借阅等内容,提升读者的获得感和满足感。依托读者大数据积累,在终端为读者量身打造个性化阅读书目和推广服务(见图 6-14),并通过阅读认证、读后反馈、阅读测评、阅读分享、互换积分、积分换物等形式在不同环节获得价值,提供"个体画像报告"。

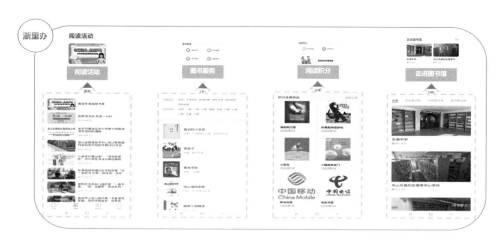

图 6-14　服务端主要功能截图

②决策端：与"浙政钉"和数字政府综合应用门户设计风格相统一，决策端在展示上体现宏观统计数据和微观明细相结合，全面呈现区域阅读生态整体面貌。

（2）打磨应用方案，丰富应用场景

2021 年 7 月，普陀区教育局着手筹划数字化应用特色场景——普陀区"智慧阅读一件事"（见图 6-15），旨在打通教育系统与图书馆、书店、社区、街道（乡镇）等的图书资源数据，实现图书全域借阅。

2021 年 7 月，针对普陀区"智慧阅读一件事"建设，普陀区教育局向浙江省教育技术中心梳理汇报重大需求、多跨场景、改革任务"三张清单"。省教育技术中心相关领导指出要进一步找准重大需求，谋深多跨场景，提出打造"线下有书、线上有数、一个图书馆、全岛读书人"的全民阅读社会改革任务。

2021 年 8 月，普陀区教育局在系统内实施智慧阅读项目，即在全区 16 所学校（含 4 所已建智慧图书馆校园）建设基于 RFID 芯片管理的大数据、物联网、5G 等新技术的数字化智慧图书馆，搭建区—校一体化智慧阅读系统，打通线上阅读、图书自助借还、智慧电子班牌、学生身份认证、综合素质评价等多项应用，建立师生阅读数据库，实现系统内阅读层级管理和数据分析。

2021 年 9 月，普陀区教育局联合大数据局、发改局、融媒体中心、图书馆等多部门召开"智慧阅读一件事"预审前部门联席会议。会议就智慧阅读应用进展情况进行了介绍和展示，与会人员从该项目多跨需求精准度、场景落地质量、业务打造方案可行性等方面提出完善意见，从区域整体层面进一步丰富了应用场景的跨部门协同范围。

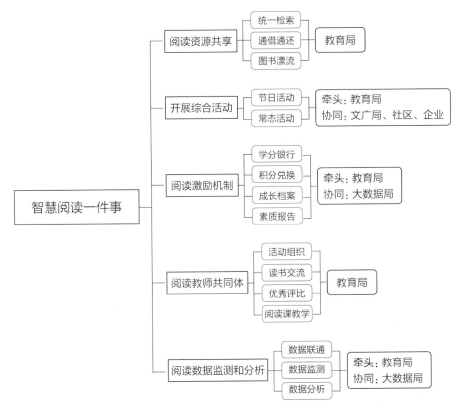

图 6-15　普陀区"智慧阅读一件事"协同体系

2021 年 10 月，借阅硬件设备已在全区中小学图书馆投入使用，普陀区智慧阅读服务云平台成功上线，学校电子班牌数据实现对接，"钉钉"手机端应用互通服务。学生能够在电子班牌等硬件中及时快捷地查阅全域图书，可实现区域间通借通还的功能。

2021 年 10 月中旬，建设方案接受区项目初审。自当年 7 月以来，教育系统不断运用数字化的理念方法手段，按照系统分析"V"字模型持续迭代（见图 6-16），以区—校多跨借阅、阅读积分存折、阅读综合活动、阅读数据监测和分析等事项为切口不断打磨应用方案并逐一实施。

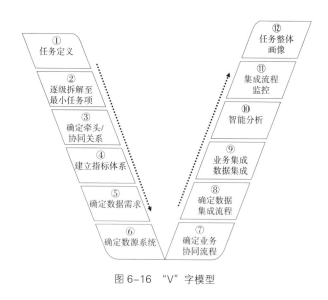

图 6-16 "V"字模型

2022 年 1 月底，读者应用功能、阅读激励、阅读活动等服务端应用在"浙里办"上线；数据治理端在"浙政钉"同步上线。2022 年 8 月底，普陀区"智慧阅读一件事"项目实现与区公共图书馆、书店、社区、街道（乡镇）图书资源数据互通，实现图书全域借阅。阅读积分存折及积分兑换体系搭建完成。

目前，项目覆盖普陀区教育局下辖城区全部五镇四街道的学校、区公共图书馆、城市书屋、主要商业机构（如新华书店）等全阅读场景。联结全区社会化资源，实现全区域、全场景的数字化阅读教育服务体系的构建。完成全区所有学校图书系统与普陀区公共图书馆数据打通，建设区域阅读活动平台、积分兑换系统、图书漂流、市民学分银行接入系统、"教育魔方"（对接）、（结合区图书馆数据的）全域阅读指数系统、公共服务数据分析系统，并逐年增加测评图书数量。实现全区线上线下阅读资源的共建共享，集约社会资源，通过大数据的实时采集，将海量数据与复杂计算问题通过云计算平台进行实时分析和处理，实现对整个区域阅读行为的服务、跟踪、把控、管理、画像，打造"线下有书、线上有数、一个图书馆、全岛阅读人"的全社会阅读生态。

（3）系统设计稳定，应用系统多元

系统采用主流的微服务架构设计，将 JHipster 框架作为微服务框架的功能基础，集成 SpringBoot、Spring、SpringMVC、Consul、Gateway 以及 JPA 等数据库操作框架，结合 NGINX 代理和负载功能实现无线扩容和服务支撑能力，整体部署环境，通过Docker技术实现动态升级部署，提升用户的可用性。

一是图书馆公共检索平台。统一资源检索平台以资源为基础，以一站式检索为技术手段，将所有异构数据库资源进行统一检索，实现找到资源、获得资源的目标，统一资源检索平台允许用户同时检索多个已有异构网络数据库、书目数据及其他馆藏信息，使读者在学习工作中能便捷、快速地获取各类需求资源。

平台联机公共查询系统。读者进入查询的主页，可进行图书目录的查询，查看新书通报信息，享受读者网上服务。统一的界面操作便捷，功能强大。平台提供区域图书馆群的联合目录查询，读者可以查询到图书馆集群管理模式下的所有分馆图书信息。

二是图书馆自助预约借还系统。该系统基于"浙里办"，可实现图书查询、图书预约、图书检索、图书借阅查询、个人阅读报告、书单推荐、阅读能力测评、图书导读、读书资源、借还消息推送、超期图书提醒等功能。

三是借阅记录。当前借阅：当前借阅情况列表，借书日期及应还日期，一键续借功能，续借次数，每本书最多续借一次；历史借阅：读者历史借阅情况记录，历史借书、还书信息，图书逾期、丢失、损坏等记录。

四是图书智能查询与推荐系统。该系统根据数据分析，定期为用户提供优质阅读内容，以及热门图书和最新图书。推荐阅读内容类型包括核心书目、期刊、全科阅读课程、电子书、馆藏图书、热门图书、最新图书。用户可根据书目名称、ISBN号、出版社、书目分类等查询条件，检索系统阅读资源。根据系统推荐，用户可通过关键词查询、ISBN号和分类查询等操作，查找特定图书信息。

五是身份认证系统（市民、学生）。在智慧阅读体系中，市民可通过"浙里办"进行图书借还，学生可以通过学生卡进行借阅图书、阅读测评等操作。通过整体统合后的智慧阅读体系已经完成了校园阅读资源及社会公共阅读资源的统一管理，学生卡的使用范围由学校扩展到公共阅读体系。同时，此阅读系统可以和已建设的智慧城市系统进行无缝对接，作为信息化系统的纽带促进"数字化校园"的建设。

六是阅读激励系统。阅读激励系统是营造全民阅读氛围，鼓励全体市民"多读书"，形成学习型社会的重要组成部分。该系统相当于"学分银行"，是模拟或是借鉴银行的功能特点，使学生或市民能够自由选择阅读内容、阅读时间、阅读地点的一种管理模式。与商业银行零存整取的储蓄方式相似，学习者通过平时零星阅读学习可以得到学分。这些学分能像货币那样被存储在系统中，当达到一定标准之后，可兑换相应的商品。未来将打通全区学分银行的评价和奖励机制，把更多的激励纳进来，作为阅读的一种激励。

七是智慧阅读综合大数据管理系统。普陀区构建全区阅读大数据，通过深度挖掘阅读数据和分析统计，分析个人阅读行为效率、阅读习惯、阅读时间等数据，实现学生个性化阅读评价与针对性指导，形成学生的个性化阅读发展大数据以反馈教育管理者进行实时有效的决策。阅读大数据智能分析系统将对四方面数据进行汇总与分析：①采集图书系统信息，包括各个区域、学校、阅读空间、农家书屋的藏书量、藏书类别比例、图书借阅排行榜、图书推荐排行榜等信息。②采集读者的阅读数据，主要包括平均阅读量、必读书目完成比例、主要阅读方法（精读、泛读、略读）、每天平均阅读时间、阅读书目类型分布等信息。③生成阅读数据报告，即基于对阅读数据的分析，分别形成个人、班级、学校、区域的阅读报告，从三个角度进行反馈，包括学生课外阅读的重视程度与投入时间（是否爱读书）、学生阅读课外图书的教育性与均衡性（是否读好书）、学生课外阅读的方式方法（是否会读书），为进一步推进阅读工作提供科学的决策依据和建议。④阅读趋势分析预测，预测读者喜爱的图书的种类、需求的数量等，进行合理分析，做好推送和储备。

八是区域智慧阅读数字化服务系统。该系统联通普陀区图书馆、社区阅读空间、商业服务机构（书店）等，建设全区数字化阅读地图，使读者可以方便借还、反馈、评价。该系统对于区域内可利用的整体阅读资源、读物流通情况、读者阅读指数分析、阅读活动开展情况有统一数据视图和分析，为读者和管理者提供便捷的数据服务和决策支持。

2.线上＋线下，全社会阅读大联动

阅读活动是拉动读者参与智慧阅读应用的重要方式。有趣、有意义的阅读活动，促进读者的阅读与生活实际应用紧密关联。普陀区突出重点，注重创新，把阅读活动与各项重大教育工作和活动相结合，创新活动模式，激发师生参与的积极性，在活动中提升阅读素养。

（1）校内悦读

学校借助普陀区"智在阅读"平台，以确保阅读数量、提升阅读质量、促进多元阅读形式为目标，创设了"1+1+1+X"的悦读新模式：每日一次10分钟晨沐书香；每周一节阅读课，专课专用不占课；每月一次阅读检测，通过"智在阅读"平台对学生的阅读进行线上检测，并评选"阅读小达人"；"X"则体现在多元的创新"悦读"活动中，如书香电影节、晒书房等。围绕"栽种一株阅读苗 收获一树阅读果"这一主题，建立健全师生读书管理办法，有计划、有目的地开展全校性读书活动，致力于形成"阅读、悦读、愿读"的校园良好读书氛围。

（2）校际连读

为了构建本岛与偏远海岛阅读资源的流通渠道，打通区域阅读服务的"最后一公里"，普陀区教育局采用了"1+N"的方式，即一所学校带 2～3 所海岛学校，实现资源的流通。鉴于海岛与本岛之间交通不够便捷，若采用快递形式，则成本过高，不利于长期维持，考虑到海岛教师每周会回本岛的情况，且大部分海岛学校学生人数较少，师生在网上预约图书后，由海岛教师在周末前往相应的图书馆领取图书带回学校。学期结束后，图书统一返还原馆。

（3）家庭约读

父母可以登录"浙里办"的"智在阅读"，绑定账号后就可以查阅自己感兴趣的图书，预约图书所在的图书馆及借阅时间。孩子的账号挂靠在父母账号下方，这样可以让孩子与父母的积分共享。父母也可以清楚地了解到孩子喜欢的图书类型，并与孩子约好时间一同前往借阅。

（4）社会共读

学校有名师，社会有名家。普陀区充分利用名师、名家两种优势资源，"双名"结合。名师通过阅读指导课、语文课等，有设计地教，有组织地教，有效果地教；名家指导课后阅读，引导阅读。"双名"引导学生挑书、选书，分级阅读，从而实现有品质的阅读，实现 1+1>2。

普陀区通过"智在阅读"组织读书会、社团等打造读书圈。通过读书圈，营造阅读氛围，形成读书热情。读者可以跨区域进行借还操作。操作流程为：他馆还的图书直接进行分拣，不再做二次上架和外借；区内通借通还的图书由区图书馆负责一月一次回流。

三、特色与成效

（一）信息化与教学管理融合，促进全师生阅读素养提升

普陀区利用信息化的手段，强化对学校和教师队伍的管理；通过优质资源

班班通用、远程直播课堂教研等手段，促使教师利用信息化手段树立起现代化的教育理念，在新的时代，面向未来的教育发展转变教学观念，提高本区整体教育水平；减轻学校教师使用信息化设备和应用的工作负担，将更多精力放在核心的育人、教研工作中，提高师生素质。应用信息技术，创设适合个性化阅读学习的环境和丰富可选择的阅读课程与阅读资源，通过记录和分析阅读行为、学习过程与学习表现，在中小学校推进阅读教学，提升学生阅读兴趣，为中高考打下坚实的基础，同时为"智慧普陀""书香普陀"务实贡献。

（二）利用信息技术，加强图书管理与使用效能

图书馆借阅量的增加势必为图书管理带来考验。传统的图书馆在书本的上架、移架操作中，最头疼的就是需要耗费大量的时间和精力对每一本书进行信息的登记和更新。为了解决这一管理难题，图书馆在原有基础上增添了配套的智能盘点车。有了这套设备，图书管理员就可以批量操作，扫一扫图书，再扫一扫书架标签就能完成工作，省时省力，极大地提高了图书管理的效率。

得益于RFID电子芯片的射频识别功能，一般只要不超过10本，就可以一次性借还书，极大地提高了图书馆借阅效率。而图书定位导航功能对于借书意图明确的借阅者来说很方便，想要借的书只要输入书名就能根据导航找到其所在位置。

（三）打破体制壁垒，实现"双减"落地后课外阅读的全面回归

教育与文化两大系统相对独立。"智在阅读"应用的开发把阅读场景从学校、拓展到公共图书馆、社会、文化活动中心、文旅、企事业单位、商业（例如书店），打破系统壁垒，构建了一个全场景的阅读体验、阅读服务、阅读记录体系。对于普陀区市民，特别是学生借阅图书习惯的养成起到了很大的促进作用，同时也提高了普陀区的特色文化品位。

普陀区打造"互联网+"阅读新样态，使阅读乘上互联网时代的"智慧快车"，实现"双减"落地后课外阅读的全面回归。借助互联网时代的新媒介、新工具、新社群，培育新型的阅读生态，打造新技术支持下的以学生为中心的阅读新环境，使阅读课程不断绽放出新活力。

本案例由舟山市普陀区教育技术中心提供，执笔人：刘安兵　翁　娜　郑皓元

第五节　基于O2O融合的智慧阅读

▶▶ 内容导图

一、背景与问题

　　书籍是人类文明的结晶，是人类进步的阶梯。中华民族素有崇尚读书的优良传统与文化基因，讲究读书修身、耕读传家、诗书济世。阅读是孩子从容走向未来的最低成本的财富积累。通过阅读陶冶师生情操，凝聚智慧，提升品位，进一步打造书香家庭、书香班级、书香校园是当前落实全民阅读的重要途径。培养具有浓厚阅读兴趣和良好阅读习惯的文明儒雅学生，使学生在阅读中享受快乐,在书香中启迪智慧是三门教育人的一致共识和追求。近年来,三门县教育局立足国家"双减"政策大形势,充分运用大数据、移动互联等信息技术,抢抓数字化改革的发展机遇,构建了集区域阅读管理、区域阅读活动和区域阅读大数据等功能于一体的智慧阅读平台。

二、思路与做法

（一）总体思路

按照"一体两翼"的框架设计,即以"电子阅读资源库、阅读教学微课视频库、师生信息库"三库建设为基础,开展线下实践活动和线上应用体验相融合的智慧阅读,形成三门智慧阅读的大数据仓。线下实践活动指营造书香校园环境、开展学生读书活动、举办智慧阅读论坛的"三行动"。线上应用体验指基于墨水屏进课堂、基于电脑进家庭、基于录播系统进集团校的"三进应用",实现时时在线、处处可视的线上线下融合型阅读。

（二）建设实践

1."三库"建设

"三库"建设是开展智慧阅读的前提和基础。师生信息库保存47所中小学所有教师和学生的基础信息,用于学生、家长、教师访问智慧阅读平台在线认证时的用户信息匹配。电子阅读资源库指购买的第三方电子阅读资源,其内容形式包括电子书、阅读小测试工具、趣味性的阅读情景短视频等。阅读教学微课视频库指教师的阅读课例及教学微课。

2.线上"三进应用"

（1）基于墨水屏进课堂

"基于墨水屏进课堂"是指以墨水屏为应用载体,联通区域智慧阅读平台,开展课前导学、课中互动交流阅读和课后全生整书阅读的进课堂应用。

一是课前导读。教师利用智慧阅读平台发布阅读导读单,通过学生阅读导读单的回答信息了解学生阅读喜好、阅读能力、阅读进度、综合素质等数据,为下一步导读课和交流课的教学内容和教学策略的调整提供依据。另外,教师还可以通过主题帖的方式引导学生通过文本阅读勾画、网络搜索、图书查阅等形式开展自主学习。

二是课中互动交流阅读。教师借助墨水屏的各类互动功能,并利用教室内大屏端的授课助手，进行随堂练习、抢答、讨论等多形式的师生互动。教师也可以发布阅读单，引导学生梳理情节、剖析人物、思考主题，引导学生在阅读中感悟，在交流中思考，不知不觉地在交流分享中享受到阅读的乐趣。

三是课后全生整书阅读。全生整书阅读利用社团及"四点半"课堂时间进行。在完成系列阅读后，学生可借助墨水屏系统的测评功能，对自己的阅读和理解情况进行检测。学生可将阅读测评后的读后感提交至讨论区，快速组建自己的"阅读圈"，同学之间可以相互点赞、评论，在互动中提升对图书的理解并提高写作能力。

（2）基于电脑进家庭

通过"互联网+"模式，学生、家长、教师在居家环境里可通过电脑访问智慧教育平台，支撑家生共读、假期专读、自由研读的进家庭应用。

一是家生共读。在居家环境里，家长和学生利用智慧阅读平台提供的电子图书开展共读。通过共读，父母与孩子共同学习，一同成长；共读为父母创造与孩子沟通的机会，他们一起分享读书的感动和乐趣；共读可以带给孩子欢喜、智慧、希望、勇气、热情和信心。

二是假期专读。暑假是孩子读书的黄金季节。为有效指导散居城乡的孩子积极投身暑假课外阅读，避免孩子童年时期出现较大阅读空窗期，在三门县教育局的统一组织下，心湖小学汇集集团总校语文组的优质资源，协同集团分校区的教师，借助智慧阅读平台开展了线上整本书导读活动。

三是自由研读。在居家环境里，学生、家长、教师可通过互联网访问智慧阅读平台上的电子资源并开展自由研读，通过"互联网+"方式，将图书馆搬进家里，随时品读海量图书。

（3）基于录播系统进集团校

基于录播系统，依托区域智慧学习平台，心湖教育集团在集团校内开展"城乡同步课堂"形式的以阅读主题的"互联网+义务教育"活动。

一是双师阅读教学。在集团校的城乡学校间，心湖教育集团运用智慧学习平台的数字资源及应用工具，开展阅读课的双师教学，让乡村孩子也体会到了城市孩子的阅读氛围和教学方式。通过互联网技术，城乡孩子共读一本书，一起交流，一起分享阅读感悟。

二是城乡阅读研修。依托智慧学习平台，城乡语文教师同步开展阅读研修，相互分享阅读课例，共同开展阅读主题教研，集团校教师利用"互联网+"这一时代技术与数字资源，创新教学模式，实现共同成长。

三是在线读书会。心湖教育集团开展由城乡学校学生组成的线上读书会，通过一系列在线读书活动，使学生既感受到阅读的乐趣，又培养了创造思维能力和语言表达能力，推动成员校之间的资源共享、信息共通和差异互补。

3.大数据驾驶舱

三门县形成智慧阅读的大数据仓，支撑开展中小学阅读的一屏智治。如可视化阅读行为分析，对中小学生利用墨水屏阅读的时间安排、阅读时长等信息进行统计挖掘并可视化展示；可视化阅读偏好分析，对不同小学生利用墨水屏阅读图书的偏好信息进行挖掘并可视化展示，可用于个性化图书列表推荐。

4.线下"三行动"

（1）营造书香校园环境

三门县各学校充分利用墙壁、廊道、大厅、功能室等校园空间，设置图书架，放置适合学生阅读的书目及有关师生读书的作品和名人名言，为学生营造处处可阅读的校园环境。此外，很多学校还修建了面积可观、藏书丰富的开放式书吧。目之所及，书香元素总在不经意间跃入眼帘，犹如一首首动听的歌曲，又似一幅幅迷人的画卷，萦绕周围，溢满校园（见图6-17）。

图6-17 书香校园环境掠影

（2）开展学生读书活动

多年来，三门县组织开展了一系列读书活动，如名家进校园、节日的阅读活动、专题阅读活动（爱国主义教育读书活动等）、经典诵读、课本剧创编、读后感评比、围绕社会热点不定期开展各种主题征文活动、读书知识竞赛、读书笔记展评等，并在一些学校推广"阅读存折"，增强阅读的可积累性和可持续性。这些活动不仅延展了学生阅读的时间和空间，还营造了良好的读书氛围（见图6-18）。

图 6-18　丰富多彩的学生读书活动

（3）举办智慧阅读论坛

三门县定期召开智慧阅读论坛，让学校分享智慧阅读的经验体会，奖励智慧阅读推行的先进学校，组织专家讲座进行智慧阅读引领。这一活动有力促进了三门智慧阅读的可持续发展（见图6-19）。

图 6-19　三门智慧阅读论坛

三、特色与成效

一是遵照"让学生在阅读中享受快乐，在书香中启迪智慧"的建设理念，开展营造书香校园环境、开展学生读书活动、举办智慧阅读论坛的线下"三行动"和基于墨水屏进课堂、基于电脑进家庭、基于录播系统进集团校的线上"三进应用"实践探索，形成基于O2O融合智慧阅读的三门模式。

二是构建了集区域阅读管理、区域阅读活动和区域阅读大数据等功能于一体的智慧阅读平台，支撑进课堂、进家庭、进集团校等多跨场景，让阅读行为和阅读活动变得"可知、可导、可管"，实现阅读资源的全面整合、阅读数据的可视化统计和阅读行为的全程监管，为"双减"政策下推进全生阅读开辟了一条可持续的发展道路。

本案例由三门县教育技术中心提供，执笔人：李玲娇　叶建伟　程　杰　娄万统　洪素琴

第七章 综合类教育信息化案例

第一节 云上智创空间：师生信息素养培养的新载体

>> 内容导图

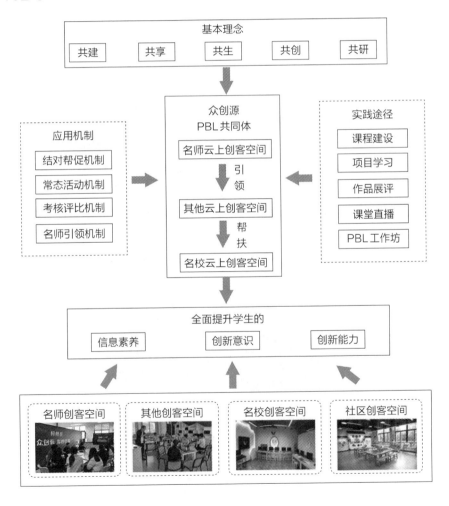

一、背景与问题

2019 年起，绍兴市柯桥区提出了"云上智创空间"建设与应用的新思路，搭建了众创源 PBL 共同体平台，构建了结对帮促机制、常态活动机制、考核评比机制和名师引领机制，探索形成线上线下混合、校内校外结合的 PBL（项目化学习）"柯桥模式"，全面提升了全区学生的信息素养、创新意识和创新能力，促进了教师队伍建设，有力助推柯桥教育现代化。建设云上智创空间，构建有效机制，实践探索中小学信息技术在线教学和研讨，有利于不断提高中小学信息技术教学水平，也是中小学信息技术学科创新教学模式、转变服务模式、探索数字治理的重要抓手。

二、思路与做法

（一）总体思路

依托柯桥教育资源公共服务平台，建设学校云上智创空间，遵循"共建、共享、共生、共创、共研"的基本理念，汇聚形成众创源 PBL 共同体平台（见图 7-1）。采取加大师资培训力度、融通学校线下空间、名师名校帮扶引领、协同企业智力支持、创新构建长效机制等有效策略，通过课程建设、课堂直播、项目学习、作品展评、PBL 工作坊和话题研讨等实践路径，常态开展在线教学与研讨，不断丰富和优化云端教学资源，有效促进教师专业成长和知识更新，有力支撑学生的个性化学习和项目化学习，全面提升学生的信息素养、创新意

图 7-1 众创源 PBL 共同体平台

识和创新能力，使学生养成数字化学习习惯，促进学生的全面发展。

（二）建设实践

众创源PBL共同体平台集课程建设、课堂直播、项目学习、作品展评、交流研讨和考核评价等功能于一体，注重发挥互联网优势，围绕创客教育和人工智能教育，探索构建课内课外互补、线上线下融通的项目化学习新模式。

1.共建：线上线下融通的智创空间

柯桥区加强顶层设计，推动信息技术教育、创客教育和人工智能教育深度融合，积极布局学校智创空间建设（见图7-2），配备3D创意设计软件、3D打印机、激光雕刻机、无人机、机器人、智创套件、影视创作工具和便携式移动录播等基本器材，满足日常的信息技术教学和信息技术类综合实践课教学所需，致力于培养学生的信息素养、创新意识和创新能力。为了更好推进学校智创空间的个性化建设和常态化应用，柯桥区还基于柯桥教育资源公共服务平台，建设学校云上智创空间，并通过5G网络将线上线下融为一体，促进了相互交流、合作学习和考核评价。管宁实验小学邵伟星老师说："把一个个线上线下融通的智创空间借助于互联网连成了共同体，有利于校际师生互相交流借鉴、取长补短，小创客们汇入大家庭后，成长会更快。"

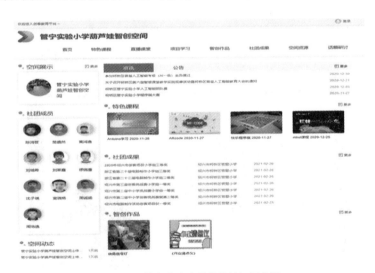

图7-2　管宁实验小学葫芦娃智创空间

2.共享：名师名校优质的在线课程

基于众创源PBL共同体平台，在推动学校进行云上智创空间的个性化建设时，柯桥区教育体育局精心组织、统筹安排，一方面率先建设名校智创空间和名师智创空间（见图 7-3），较好地发挥了名师名校的示范带头作用，另一方面又给名师名校智创空间压担子，要求他们组织名优教师开发在线课程，并共享于云上智创空间。如 2021 年寒假期间，周学东名师工作室开发的"Python寒假乐课"、柯桥区实验中学开发的"趣味 3D 创意设计"、管宁实验小学开发的"玩转 mBot 小车"等，都深受学生喜爱，吸引了大量的学生在线学习，得到了广大家长和教师的好评。其中"Python寒假乐课"的学习者突破了 2800 人，有不少小学生也参与了学习。一位城区小学的家长感慨："名师课程真是太及时了！我儿子特别喜欢编程，但小学里没有这样的课程，现在可好啦，这个寒假里他每天都和初中生一起在线学习 Python，还经常向老师提问题。"

图 7-3　共享的名师课程和名校网络课堂

3.共生：帮扶由"单行道"走向"双行道"

城乡结对帮扶，以往都是城区名校对乡村学校的帮扶，现在帮扶由"单行道"变成"双行道"，这源于"草根课程"这个新创举。柯桥区每年举行"草根课程"评比活动，马鞍镇兴海小学的杨国平老师在比赛中一鸣惊人，他基于学校智创空间开发的课程"小学中高段STEAM制作同步课程"最终被评为浙江省精品课程。这门课程注重培养学生的创新意识和创新能力，不但校内的学生爱学，在结对的城区名校中也有很多学生在学习这门课程。杨国平老师撰写的相关案例在全国教育教学信息化展示交流活动中被评为一等奖。为了促进城乡学校智创空间的均衡发展，柯桥区要求每个智创空间完成"四个一"的规定动作，即每年开发一门在线课程、每学期直播一节项目化学习展示课、每学期完成一个智创作品介绍视频（见图7-4）、每学期做一期PBL工作坊，这种共生赋能的新态势，使平台上汇聚的优质资源越来越多，从而更好地支撑学生的个性化选择性学习。

图 7-4 华甫中学的学生在介绍自己的智创作品

4.共创：多重协商催生知识创新

为了全面提升学生的信息素养，柯桥区积极推进线上线下混合的项目化学习，依托云上智创空间，专门开辟项目化学习模块，融通线上线下、连接课内课外，彻底地解决了校内学习时间有限的问题。指导教师精心设计、及时介入，全程支撑学生的项目化学习，引领学生创意智造、优创未来。在项目化学习过程中，指导教师还让学生们自由组合，形成若干团队，推行以组长为核心的

"共创"模式。建构主义理论认为，知识的创造与获得不是参与者简单接受或复制的过程，而是积极主动建构的过程。但个人建构的知识未必是合理的，需要经过与他人的协商来不断修正。共创过程恰恰为参与者提供了多重交流协商的机会。通过多重交流协商，团队成员逐渐明确了聚合的方向，他们对作品的认识逐渐深入、系统化。在此过程中，不仅个人的知识能够得到不断重建与推进，集体的知识也将不断完善与创新，从而克服个人创作的主观性、片面性和狭隘性，促进从知识共享向知识创新的转变（见图7-5）。

| 美好家园 | 智能灌溉系统 | "未来小区"智能停车管理系统 |

| 智能寻光系统 | 智能感应灯 | 物联网＋智能垃圾分类回收系统 |

图7-5　学生们发布在平台上的智创作品

5.共研："展示、观摩、评论、研讨"四位一体的教师混合研修

在普通中小学，信息技术教师的数量普遍较少，传统的校本研修往往效果较差。面对浙江版教材的内容更新，Python编程、人工智能和大数据这些内容到底该怎么教？项目化学习如何常态开展？学校云上智创空间如何创新应用？一线教师迫切需要引领和研讨，他们自身的信息素养也亟须提升。柯桥区教育体育局在实践探索的基础上，依托众创源PBL共同体平台，构建了"展示、观摩、评论、研讨"四位一体的教师混合研修模式。其中展示、观摩、评论活动以线上为主，研讨活动以线下为主。他们有序组织区内教师开展课堂教学的网上直播展示，每月汇成一张创客课堂大课表。各校精心组织教师远程观摩学习，并围绕教学技能、活动设计、教学效果、技术应用等维度进行评价，挖掘课堂亮点，指出存在的问题和不足。针对热点问题，各空间负责人还经常发起话题研讨，鼓励大家积极发表观点，并展开观点之间的碰撞。他们还每月开展一次新课程、新教材、新空间的专题培训活动，邀请专家指导，从而发现问题、解

决问题、深化应用，引领全区云上智创空间智慧共享和协作共进。混合研修的"四位一体"模式，围绕"教学反思"主线，通过技术平台和专家指导将教师的个人反思和团队的集体反思有机结合，在提升教师专业素养的同时，促进了课堂教学模式的创新，使学生真正成为学习的主人。

（三）机制构建

为了有序推进云上智创空间的建设和应用，柯桥区不断创新工作机制，注重制度激发、考核引领，从而保障混合式项目化学习的学习效果，进一步促进学生信息素养的提升。

1.结对帮促机制

乡村学校是信息技术教学最薄弱的地方。柯桥区构建了云上智创空间的结对帮促机制，致力于振兴乡村学校的信息技术教育，努力提升乡村学生的信息素养。云上智创空间的结对形式主要有两种：一种是名师工作室驻场的智创空间与薄弱学校的智创空间结对，如周学东名师工作室众创源智创空间与马鞍兴海小学兴海STEAM智创空间结对；另一种是城区名校智创空间与乡镇学校智创空间结对，如管宁实验小学葫芦娃智创空间与平水小学星空智创空间结对（见图7-6）。远程专递课堂、网络教学研讨、在线课程建设和项目化学习是结对帮促的主要内容，柯桥区规定两个结对的智创空间每月要开展一节远程专递课堂、一次网络教学研讨，每年要共建共学一门在线同步课程，并组织两校学生联合参加一次混合式项目化学习活动。

图7-6　管宁实验与平水小学成立项目化学习研究联盟

2.常态活动机制

开展常态活动是促进云上智创空间"课堂用、经常用、普遍用"的重要保障。柯桥区扎实开展了"五个一"的常态活动：一是每学期开展一次创客（人工智能）教育课堂线上展评活动；二是每个月开展一次创客（人工智能）课程培训活动（见图7-7）；三是每年举行一次科创类"草根课程"评比活动；四是每年组织一次智创作品展评活动；五是每月推出一期PBL工作坊线上直播。这些常态活动的开展，吸引了大量师生的热情参与，不但有效提升了空间的活跃度，而且持续累积了优质的云端资源。

图7-7　创客（人工智能）课程培训

3.考核评比机制

为了营造良好的竞争氛围，确保云上智创空间建设与应用的持续推进，柯桥区出台了《中小学云上智创空间年度考核办法》。考核注重看过程、看实效、看数据、看亮点，推行数字化考评；兼顾任务完成情况、空间活跃度情况和专家评审情况，从活跃成员、精品资源、师生获奖等12个维度对各校的云上智创空间进行量化考核；考核结果分优秀、良好、及格和不及格四档，推行星级智创空间制度，每获一次年度考核优秀的空间可加一颗星，并将争创星级智创空间列入柯桥区教育体育局对学校的年度考核；考核坚持以奖促用原则，对考核成绩突出的智创空间实行物质奖励，支持对这些智创空间装备率先升级创新（见图7-8）。

欢迎进入创客教育平台～　　　　　　　　　　　　　　　　　　　　　　　登录

众创源
PBL共同体　　首页　智创空间　在线课程　直播课堂　项目学习　智创作品　社团成果　PBL工作坊　考核评比

首页 > 学校活动 > 考核评比

柯桥区小学2020年云上智创空间建设与应用考核表

学校智创空间	区联成员 3	课程建设 10	课堂直播 10	项目学习 7	资讯发表 5	话题研讨 5	智创作品 10	精品资源 5	空间活跃度	PBL工作坊	师生获奖 12	专家评分 12	考核总分
管宁实验小学	3	10	10	7	5	4	10	4	10	8	11.2	12	97.2
紫薇小学	3	10	10		5	5	10	4	8.8	4	10	12	91.8
平水镇中心小学	3	10	10	7	4	5	5		9.1	8	12	11	89.1
齐贤小学	2	7	10	7	5	10	3		8.2	8	11.6	10	84.8
秋瑾小学	0	7	5	7	5	10	4		7.9	8	9.6	9	78.5
夏履镇中心小学	3	7	5	10	5	10	1		8.5	4	8.4	11	77.9
安昌小学	3	10	7	5	5		7.6	4		10.8	12		77.4
华舍小学	3	10	7	5	10	0		9.7	4	8.8	10		75.5
湖塘小学	2	7	7	7	5	10		9.4	4	9.2	9		70.6
浙光小学	1	7	5	7	5	10		7.6	4	10.4	4		66

图 7-8　云上智创空间年度量化考核

4.名师引领机制

在云上智创空间的建设与应用过程中，柯桥区十分注重发挥周学东名师工作室的作用。周学东老师是浙江省信息技术特级教师，有近20年的程序设计教学经验。近几年来，在柯桥区社区学院的支持下，他创造性地将智创空间与名师工作室进行融合创建，开创了线上线下融通的众创源智创空间，在基层学校的智创空间建设中发挥了重要的示范引领作用。一是定期邀请高校专家、企业技术来众创源智创空间讲课授艺、现场解惑，为基层学校培养智创空间骨干指导教师；二是每学期组织工作室成员开发课程、展示课堂，并共享于云上空间；三是每月组织名师开设PBL工作坊、组织话题研讨，引领学校探索实践混合式项目化学习的常态开展（见图7-9）。

图 7-9　众创源智创空间定期组织培训活动

三、特色与成效

（一）凝聚了一个"云上智创空间+项目化学习"的实践共同体

随着云上智创空间建设与应用的逐步推进，柯桥区众创源智创空间汇聚了一批有着创新精神和合作愿景的成长型教师，他们在特级教师周学东的带领下勤于思考、勇于创新、认真践行，有效地促进了自身的专业成长，其中华舍中学章铁英老师在2019年全省的学科疑难问题培训会上应邀作项目化学习微报告。为了更好地帮助和促进区内同行的成长与发展，更全面地提升学生的信息素养，他们基于本校的云上智创空间，积极开发在线课程、带头开展PBL工作坊、精心组织话题研讨，不断深化云上智创空间的应用，经过近两年的融合创建，形成了"云上智创空间+项目化学习"实践共同体，在实践中创新构建了混合式项目化学习的新模式。

（二）构建了一系列云上智创空间有效运行的工作机制

在众创源PBL共同体的建设实践中，柯桥区构建了一系列运行机制，包括结对帮促机制、常态活动机制、考核评比机制和名师引领机制，促进了云上智创空间应用的常态化，为混合式项目化学习的可持续开展开辟新路径，也为云上智创空间的复制、推广积累了第一手资料。通过工作机制的创新构建，逐步建立了名师智创空间、名校智创空间和其他智创空间之间的互动交流与合作共建机制，促进了区内教师的知识更新和素养提升，助力创客（人工智能）教育的扎实推进。

（三）全面提升了学生的信息素养、创新意识和创新能力

柯桥区的云上智创空间建设始于2019年，通过八次创客（人工智能）课程培训和两次"草根课程"评比，教师们大大增强了课程意识，全面提升课程领导力。截至2022年8月，众创源PBL共同体平台已建课程32门，直播课堂86节，展示作品54件，有力地支持了广大学生的个性化学习，平台访问量已超40万人次，学生的信息素养得到普遍提升，基本养成数字化学习的习惯，并影响辐射到基础文化学科学习成绩的有效提升。2021—2022年，九年级学生学科考查优秀率（85分以上）从原有的15%提升到32%，学生参加科创类比赛的获奖率大大提高，全区共有232位学生获得省级以上比赛荣誉，其中实验中学有两支队伍获得2020年世界机器人大赛总决赛一等奖。

本案例由绍兴市柯桥区教育体育局提供，执笔人：周学东

第二节 技术赋能教师的项目化学习专业能力提升

>> 内容导图

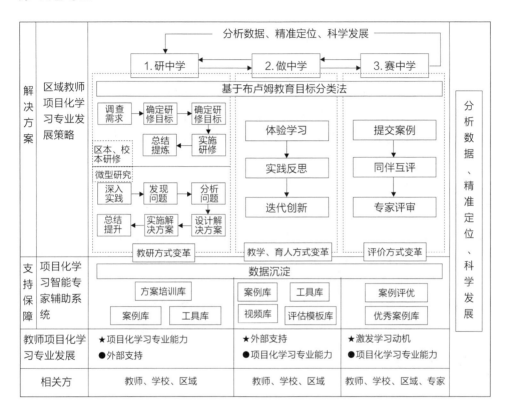

一、背景与问题

2022 年 4 月，教育部印发《义务教育课程方案和课程标准（2022 年版）》（以下简称新课标），强调要探索大单元教学，积极开展主题化、项目化学习的综合性教学活动。项目化学习作为一种以学生为中心、以培养学生核心素养为导向的新型教学模式，被认为是有效落实新课标的重要载体，能有效促进学教方式变革，构建学生适应和面向未来的能力。

杭州市西湖区作为浙江省中小学 STEM（科学、技术、工程和数学）教育试点区之一，一直积极探索区域有效推进 STEM 教育与项目化学习的路径，促进学教方式变革和学生核心素养发展。为了有效推进项目化学习工作，西湖区制定了浙江省中小学 STEM 教育试点区三年发展规划，确定了以培育专业项目化学习教师队伍为切入点，围绕发展愿景，建立种子学校培育机制，抓住培育关键对象，明确培育内容，实施培育策略。

然而，西湖区在推进项目化学习教师队伍建设的过程中遇到了诸多困难，如项目化学习推进速度慢，覆盖面不足；区域优质资源库建设速度跟不上需求；支持区域教师发展的策略难以切实落地。具体表现为：①"赛中学"机制不能适应新形势的要求，缺乏持续改进实践案例的着力点，教师获得感不高，教师在项目化学习过程中能力提升的增量不够；②"研中学"资源有限，传统培训形式受到时空限制，培训的区域辐射面不足；③"做中学"支架短缺，相关资源不足。为切实解决上述困难，以及全面落实《浙江省教育领域数字化改革工作方案》《2021年浙江省教育领域数字化改革工作要点》的文件精神和工作要求，西湖区积极完善项目化学习数字化平台的建设方案，围绕"项目化学习教师队伍建设"这一核心，锚定信息技术的便利性、系统性、数据性，以及覆盖面广、突破时空限制等特点，充分利用人工智能、大数据等信息技术，搭建了西湖区"三学一平台"（研中学、做中学、赛中学和信息技术平台）项目化学习智能专家辅助系统，有效提升区域项目化学习的推进速度、扩大区域覆盖面，快速建设区域优质资源库，并使区域"研中学""做中学""赛中学"三大教师发展策略切实落地，有效实现教育智治，推动区域数字化改革。

二、思路与做法

（一）总体思路

"三学一平台"项目化学习智能专家辅助系统基于云平台SaaS架构，借助BI（商业智能）引擎为区域教师的项目化学习专业提升提供从校本研修、项目实践到优秀案例沉淀，学习数据可视化的全流程个性化支撑。在信息技术平台的支持下，让学校和区域"典型校本研修资源库、项目实践案例库、学教变革工具库、多元评估模板库"等海量资源库建设成为可能，让原先独立存在的"研中学""做中学""赛中学"发展策略成为互联互通的有机整体，同时对教师在不同阶段的学习行为数据进行存储和分析，为后期更好地设计系统功能、优化改进教师发展策略提供科学依据。

（二）建设实践

1.技术赋能"研中学"策略，实现教研方式变革

研修的设计能够促进教师对于项目化学习理论的理解，帮助教师从学习的

内容中提取相关知识，从教学信息中建构意义。技术平台针对区域"研中学"策略实施过程中研修活动难以满足区域内广大教师需求等问题，相应地设计了"方案培训"资源库。不同相关方运用该功能模块开展"研中学"。

通过该功能模块，区域对基于整体研修目标制定的研修方案、内容和资源打上对应标签，存储进技术平台，实现了多元研修方案的"云"分享。有了技术平台的支持，学校能够通过该平台检索丰富多元的研修方案、内容和形式，并根据自身的校本研修需求，开展及生成更多校本研修方案，辐射全区教师研修。

同时，学校种子教师还能通过技术平台迁移区级研修方案，进行校本化研修实践，辐射更多的一线教师。例如，区域层面带领学校种子教师开展工作坊式研修，再将工作坊相关资源素材上传到"方案培训库"。种子教师则可以根据学校的校情优化研修方案，在学校开展面向一线教师的研修。这使得原本只能面向 40～50 位教师的工作坊研修，转变为可以辐射全区上千位教师的研修活动。

教师个体也能够随时随地登录该系统进行在线学习，突破了时间与空间的限制。同时，教师还能够根据自身需求选择合适的研修方案，有针对性地提升自身所欠缺的专业能力。通过信息技术的赋能，区域内每一位教师都能参与到"研中学"中去，破解资源辐射面不足的限制，满足了更精准化、系统化、多元化的研修需求，促进了教研方式变革。

2. 技术赋能"做中学"策略，助力学教方式变革

针对"做中学"策略中教师难以有效运用资源作用于项目设计和实施等问题，技术平台开发了支持项目实践的"案例库""学教变革工具库""视频库"等多个功能模块。区域内的每一所学校和教师都能够共享优质案例、工具和视频资源，这为教师在多时段开展项目化学习提供了充足的外部资源支持。

（1）案例库建设

"案例库"允许教师根据不同年级、不同学科或者不同主题对案例资源进行快速检索，使得教师能够根据自身需求快速准确地定位到所需的参考案例，节省大量的备课时间与精力。同时，这些案例（见图 7-10）还分别从项目简介、驱动性问题、学习目标、预期成果、项目实施活动、项目评价、项目反思等方面详细阐述整个项目的构思与实施流程，案例中还附上详细的活动步骤和丰富的学习支架资源，帮助教师快速清晰地了解整个项目设计和实施的逻辑脉

络，从而高效地进行迁移学习。

图 7-10　项目实践案例库

（2）工具库建设

技术平台还完成了海量的"工具库"资源建设（见图 7-11），收录了来自巴克教育研究所项目化学习工具、哈佛大学零点项目思维路径工具、斯坦福大学设计思维工具等多元化的工具资源。教师可以在"工具学习"中根据项目实施的不同阶段、教学的不同场景，利用关键词、工具标签等快速检索找到自己所需的工具资源。

图 7-11　学教变革工具库

（3）视频库建设

为了帮助教师更好地了解工具的使用方法，工具库还匹配了相对应的真实课堂操作视频和讲解，丰富的视频库资源帮助教师更直观地学习掌握工具的使用，从而更得心应手地应用到项目实践中。

案例库、工具库和视频库是互联互通的，教师可以通过深入拆解案例、探索工具多场景应用的可能性，为后期高通路迁移应用提供保障。

3.技术赋能"赛中学"策略，探索评优方式变革

针对"赛中学"策略中教师获得感不高的问题，西湖区优化比赛机制并将其设计成"提交案例""同伴互评（海选）""专家评审（终选）"三个阶段。借助技术平台对比赛流程进行重构，区域不仅能够实现全区每一位教师都有机会参与评比和同伴互评，打破原先仅有部分教师可以参与评比的局限，同时保证了评选流程的有序性和有效性，使得"以赛促学"成为可能。

（1）同伴互评

在同伴互评阶段（见图7–12），借助技术平台，每一位教师基于评价量规对同伴的案例进行量性和质性的评价。教师在同伴互评过程中可能会因为他人设计与自身的不同，产生认知冲突。这在一定程度上会促进教师进行反思，或促使教师寻找解决冲突的方法，例如与教师沟通，或查找文献和资源解决自身的冲突，促进知识的深度建构，实现更深层次的学习与视野的拓展。

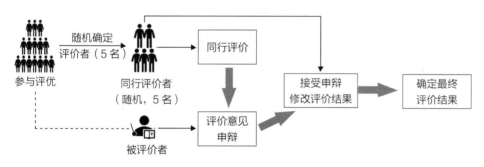

图7–12　基于技术平台的同伴互评机制

（2）专家评审

在专家评审阶段（见图7–13），教师们也能非常便捷地接收到权威专家提供的专业点评与反馈，从而帮助自己不断进行反思与优化。教师还可以针对自身暴露出的问题进一步研修方案、项目案例的设计，由此再次进入"研中学""做中学""赛中学"三大成长路径中，不断循环往复，实现自我长足的发展与成长。

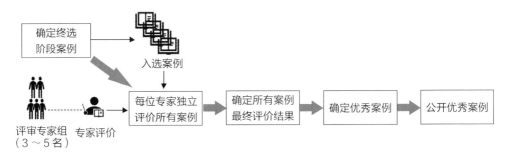

图 7-13　基于系统的专家评审机制

4.数据智能分析为后续决策提供科学依据

以传统方式推进项目化学习时，教师的学习数据和教学水平难以跟踪与监测。为此，信息平台利用大数据分析技术，将教师在不同阶段的学习行为数据和学生的课堂数据进行存储与分析，形成教师能力画像和学生能力画像。区域局/院领导能够通过平台了解区域教师项目化学习的推进情况，为后续的决策提供科学依据；区域教研员能够通过平台了解各类型项目化学习的落地情况，为后续区域的教研和教师发展提供科学依据。

相应地，区域通过在平台发布调查问卷收集教师们的真实反馈，不断优化系统功能和路径，更好地运用资源支持教师的专业发展，从而保障项目化学习在课堂教学中的有效落地，推动区域教研方式变革和学教方式变革。

三、特色与成效

（一）实现区域内教育的"共同富裕"

在使用"三学一平台"项目化学习智能专家辅助系统前，西湖区采用传统推进方式，在 3 年时间内仅培育了约 100 名项目化学习种子教师。但在技术平台 1.0 版本上线后，3 个月内覆盖全区 60 多所学校（小学+初中）近万名教师，项目化学习推进速度和覆盖面都得到大幅提升，基本实现区域内教师项目化学习教育的"共同富裕"。

（二）大幅提升区域优质资源库的建设速度

使用"三学一平台"项目化学习智能专家辅助系统后，区域优质资源库中的案例数以月均 100 个的速度增长，而且新增案例覆盖各个学年段、各个学科（含跨学科），工具库中也收录了 100 多个经典工具并将持续更新，因此可供区域教师学习和实践的资源明显增多。

（三）探索创新区域评优方式变革

技术平台上线后，每季度就能举行一次区域案例评优活动，参与面扩展到全区，且能让参评教师进入一个 5～7 人组成的互评小组，通过同伴互评的方式参与集中式、互动式的同伴学习，快速提升自己的项目化学习专业能力。如 2022 年 3 月举办的西湖区项目化学习挑战赛，参与互评的案例 1400 多份，最终有 300 份优秀案例入选，又进一步反哺了区域的优秀资源库。

本案例由杭州市西湖区教育督导评估中心提供，执笔人：鲍雯雯

第三节　构筑山区县基础教育科创能力培养新样态

≫ 内容导图

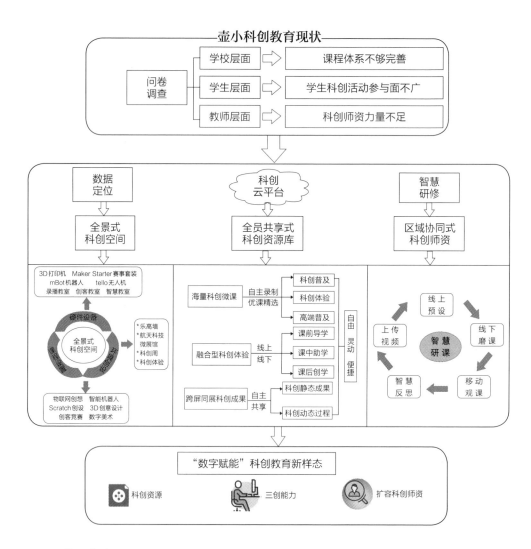

一、背景与问题

壶山小学地处浙江省 26 个山区县之一的武义县，与其他发达地区学校相比，科创教育条件不优、学生科创活动参与面不广、科创师资不足等问题制约着学校科创教育的发展。2021 年 9 月，国务院印发《全民科学素质行动规划纲要（2021—2035 年）》的通知，提出"激发青少年好奇心和想象力，增强科学兴趣、创新意识和创新能力，培育一大批具备科学家潜质的青少年群体，为加快建设科技强国夯实人才基础"。学校遵循"培养学生以创新素养为核心的综合素养"的原则，在"数字科创"方面进行了探索，应用现有科创教育条件，借助科创云平台，打破壁垒，优化整合，充分利用AI数据定位、互联网、智慧科创教室、录播系统等信息技术设备，优化学校科创课程，打造全景式科创空间，建立全员共享式科创资源库，孵化区域协同式科创师资，培养学生的科创意识、科创精神。

二、思路与做法

（一）总体思路

壶山小学根据本校的科创现状，设置了三个场景，全方位弥补科创学习资源的缺失，打造全景式科创空间，建立全员共享式科创资源库及共享区域协同式科创师资。以"人人皆创客"为基本理念，依托"壶小科创云平台"，有机融合先进的信息技术和装备，如录播设备、互联网、乐读云端智慧空间营造浓郁的科创氛围，提供丰富的教学资源，搭建多样化的正式学习空间和非正式学习空间，开展线下实践活动和线上应用体验相融合的智慧科创，并形成全员共享式科创资源库。线下实践活动指打造科创空间、开展科创体验、举办科创比赛等活动，实现"全时空"科创氛围。线上应用体验指基于平板、手机、电脑等终端，通过家校联动，进行科创微课双师教学，实现时时在线、处处可视的线上线下融浸式科创。

（二）场景应用

1.数据定位，打造全景式科创空间

壶山小学通过问卷星、物联平台等信息技术应用程序，全面复盘学校科创方面的线下资源，并根据现有资源合理配置，从硬件设备、课程设置、环境创设三个方面打造全景式科创空间（见图7-14）。

学校现有25台3D打印教室，设有创客教室、智慧教室等独立科创教室，配备mBot科技机器人教育套装，Maker Starter赛事套装，平板电脑和6套tello无人机等硬件设备。校园走廊上创设了乐高墙、航天科技微展馆，每年开展科技周、科普节、青少年科学调查体验活动。活动中人人参与撰写科普小文或绘制科幻画，班班有专题墙报，每年以不同的主题开展活动。学校聘请院士及专

家为学生进行科普讲座，将科创因子渗入学生的日常学习和生活之中。

2.科创云平台，构建全员共享式科创资源库

为解决"学生参与科创活动面不广"这一难题，壶山小学整合公众号平台、视频号等数字平台，开设科创云平台，为学生构建全员共享式科创资源库（见图7-15），满足学生参与科创课程的需求。

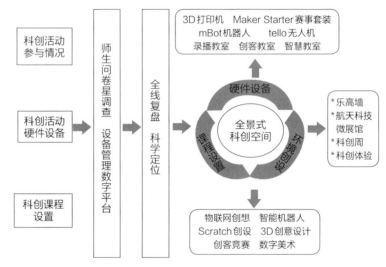

图7-14　全景式科创空间

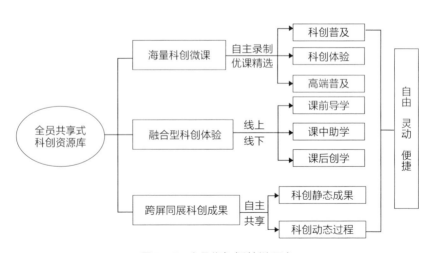

图7-15　全员共享式科创资源库

（1）海量科创微课

科创老师自主录制科创微课，对接"之江汇""科学网"等平台，有理论层

面的科创普及课程，有实践层面的动手科创小实验课程，也有开阔眼界的高端科创体验课程，全部资源面向学生开放，家长和学生只需通过手机、平板即可学习。每个微课时间 5 ～ 8 分钟，学生可以利用等车、候餐、排队等碎片化时间进行学习。学习地点也不受限制，室内室外，随取所学。

（2）融合型科创体验

依托科创云平台，科创教师灵活运用线上+线下教学模式，开展融合型科创体验教学，取得良好效果。课前借助微课预学，了解课程内容；课中借助微课进行跟学，同时结合课堂实际作出调整；课后根据学情进行拓学。线上微课与线下科创体验相融合，便捷高效。

如刘庆红老师在教授人工智能创新实践课"光影音量柱"时，课前借助微课让学生观看现实生活中音乐喷泉的场景，了解用童芯派模拟这样效果的原理，思考如何实现该效果。课中学生根据课前构思，借助实物进行编程，边调试边修改达到想要的效果，有能力的学生还可以思考这样的效果还能用于解决哪些问题或创作出什么样的作品，学以致用。线上线下相结合，很好地解决了课堂时间不充裕的问题，也让能力强的学生有充足的拓展创作时间。

（3）跨屏同展科创成果

学生的科创作品也可以通过科创云平台进行展示分享（见图 7-16）。学生线下录制科创视频，可以是科创活动成品，如 3D 打印作品，可以是科创体验过程，也可以是图文并茂的科创活动记录表。孩子们将科创成果通过电脑、手机、平板等设备上传至科创云平台，供老师和同学收看、转发、点赞，实现科创成果"跨屏同展"。

图 7-16 科创作品展示分享

3.智慧研修，培养区域协同式科创师资

为解决科创师资不足问题，壶山小学借助智慧科创教室、录播系统等数字设备，在内挖掘学校教师的创客潜能，在外引进校外科创资源，形成引领型、融合型、补充型科创教师团队，保障科创教育的有效开展。引领型科创教师：以校内专业科创教师为主，有较高专业技能，对科创教育有比较全面的了解。融合型科创教师：在原有专业科创教师基础上，学校吸收了具有物联网与动画方面特长的技术骨干和信息技术、科学双向发展的青年教师。这样一支多元化的科创教师团队，对区内科创教育的发展起到了有效的引领和推动作用。补充型科创教师：学校开展校企联合活动，将外校科创师资引入学校，作为科创教师的补充。学校联合国家电网等国有企业和校外培训机构，派驻教师进行教学，提升学生科创课程的创造力。

科创教师的自我发展是科创教育新样态的核心。科创教师借助智慧科创教室等数字平台，通过双线研修、智慧研课活动，打破时间和时空壁垒，实现融合式自我提高与发展。

（1）双线研修

学校每年安排信息技术教师提供"Scratch""物联网""NOC裁判员""科创"等多种项目培训，信息技术教师根据自己的需求选择一个或多个项目进行线上或者线下双线培训（见图7-17）。

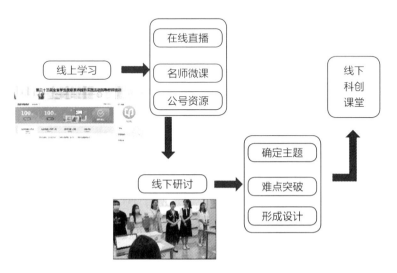

图7-17 科创教师双线研修流程

（2）智慧研课

在科创智慧空间里，学生借助平板设备与网络，利用优质慕课、微课及多媒体资源，通过小组合作的形式，多维度开展自主学习。每周常态开展STEAM课程、机器人编程、车模制作等科创研修课教学。科创教师团队采用线上线下结合的方式进行教学，已形成较为成熟的智慧赋能科创教育研课模式（见图7-18）。

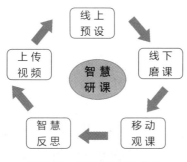

图 7-18　科创教育研课模式

科创教师首先根据内容进行线上预设，然后通过智慧教室进行线下磨课，校外补充型科创教师采用移动观课方式参与，通过现场反馈和课堂AI智能分析的线上智慧反思，将研课成果以视频方式上传至平台。

三、特色与成效

（一）形成"数字赋能"壶小科创教育新样态

通过数字赋能，壶山小学打造全景式科创空间；依托科创云平台，学校建立了全员共享式科创资源库；开展智慧研修，共享区域协同式科创师资，让更多的学生参与到科创活动中来，原来的参与面不广、体验不够的问题迎刃而解。通过数字赋能，科创教师队伍不断壮大，专业能力都得到了快速提升。学校在打造创客空间、构建校本课程体系、开展科教活动评价等方面取得了一定的实践研究成果，并初步形成了壶小科创教育新样态。

（二）培养学生"创意、创新、创造"的三创能力

数字赋能下的科创教育，使学生的"三创"能力得到发展，引导学生主动探索，巩固运用所学知识，带动学生综合素养的自主、协调发展，形成了良好的学习生态圈。

　　壶山小学获评"全国青少年航天科普活动基地校"和全国青少年人工智能活动特色单位。李罕同学发明的"农村简易山体滑坡报警器"获全国青少年科技创新大赛一等奖。瞿沈卓逸同学获全国青少年创意编程展评一等奖。徐麒钧同学获中国少年科学院"小院士"称号，郑杰文同学获中国少年科学院"预备小院士"称号，张艺原同学获中国少年科学院"小研究员"称号。叶枳含同学的小发明"'点火式'头盔"获浙江省青少年科技创新大赛一等奖，申请了2项发明专利，这也是壶山小学第9项发明专利。图7-19～图7-23为学校、学生的部分获奖、获专利情况。

图7-19　获评"全国青少年航天科普活动基地校"

图7-20　徐麒钧、郑杰文、张艺原领奖

图7-21　钟辰柯荣获第十三届宋庆龄奖学金

图7-22　叶枳含"'点火式'头盔"荣获浙江省青少年科技创新大赛一等奖

图 7-23　"新型电动安全头盔" 2 项发明专利

本案例由武义县壹山小学提供，执笔人：高军武　徐桂梅

第四节　心路 e 通：基于数字赋能的学生阳光心态塑造

▶▶ **内容导图**

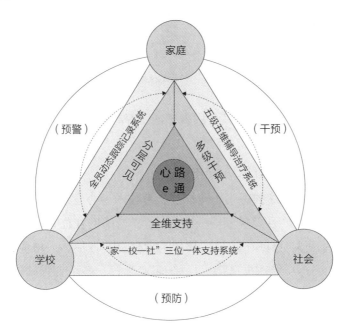

一、背景与问题

（一）"心育"是时代发展的必然

近年来，儿童、青少年的心理健康问题日趋增多，焦虑、自伤等心理问题频发，抑郁症检出率呈现低龄化趋势。在 2023 年全国两会上，多位代表、委员为青少年心理健康问题发声，为呵护青少年心理健康建言献策。

（二）学生"心理负担"亟须"减负"

浦江县教育技术中心对某教育集团 3568 名学生进行了心理状态调查，由集团内各班主任面向全体学生发放问卷，共收回问卷 3482 份，具体数据统计见图 7-24。

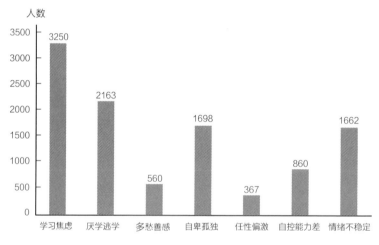

图 7-24 学生心理状态调查数据统计

总体而言，学生"过度焦虑""成就感低"等心理亚健康状态普遍存在，亟须重视与解决。

（三）区域心理健康教育亟须整体设计

通过对学校教育工作的观察，浦江县教育技术中心发现有不少班主任对学生的管理教育很像是"铁路警察——各管一段"，他们往往只专注于眼前的具体事务而"头痛医头、脚痛医脚"，缺少对学生身心发展、人格成长的宏观把握和整体思考。小学、初中、高中、中等职业学校，各个育人阶段彼此脱节，甚至是阻断，造成了学生人格发展的"裂痕"与"断层"。

针对这些问题，2022年浦江县教育局自主研发了"心路e通"未成年人心理健康数字化管理系统。该系统具有数据支撑、数据整合和数据驱动的优势，教师基于数据采取日常观察、线上记录、防治结合的策略，能够做到心理问题早发现、早预防，把更多精力放在学生积极心理品质的培养上。

二、思路与做法

（一）总体思路

"心路e通"平台的研发"以学生为中心"，通过协同联动，构建了分层可见、多级干预、全维支持的心理管理体系（见图7-25）。

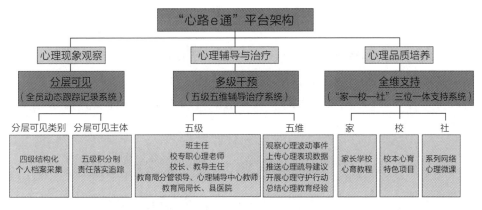

图7-25 "心路e通"平台架构

（二）建设实践

1.分层可见

（1）分层可见类别

平台四级结构化学生个人档案采集，形成学生心理动态观察体系（见图7-26）。一级即学生"人际关系类""压力事件类""学业相关问题表现""情绪表现类""适应不良类""青春期类"六大模块；二级指六大模块下的210多种心理事件；三级是平台将一般学生问题，划分为低、中、高三种风险状态，结合积分高低（0～50分），分级分类提醒不同介入主体采取合适的干预措施；四级为班主任对事件的补充描述，形成学生心理动态观察体系。

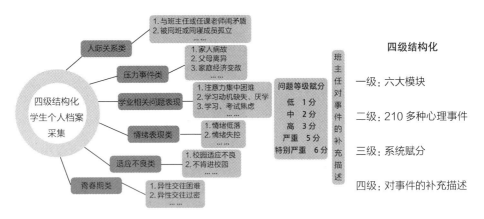

图 7-26 四级结构化学生个人档案采集示意

（2）分层可见主体

"心路 e 通"系统内置班主任，校专职心理教师，校长、教导主任，教育局分管领导、心理辅导中心教师，教育局局长、县医院等五级异常配置，系统赋分，以 10 分为一级，达到分值，系统自动给不同主体发预警信息（见图 7-27）。

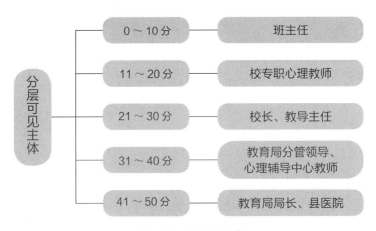

图 7-27 分层可见主体

2.多级干预

（1）五级干预

五级干预管理，结合积分高低，分级提醒不同介入主体采取合适的干预措施，确保心理障碍早发现、早干预；对严重问题学生进行重点关注、跟踪干预，鼓励其积极接受心理治疗。

0～10分，班主任，"2+3"守护：①全面了解，向同伴、科任老师、监护人等了解学生近期表现；②有准备谈话，根据孩子的心理表现进行有准备谈话；③全体赋能，以个别问题发散到普遍问题为导向，开展心理主题班会；④有主题家访，针对典型问题事件，联系家长多关注孩子的心理变化；⑤有标准消分，根据辅导效果，对照标准，重新评估，进行消分。

11～20分，校专职心理教师，"321"行动：①三筛查，包括心理测评、日常观察、一对一面谈；②两干预，包括制定方案、专业辅导；③一反馈，指重新评估、双向反馈。

21～30分，校长、教导主任，"3+X"融合：①督促，即督促班主任、心理教师做好教育记录；②活动，指将普遍问题和学校整体活动相结合，设计创意活动；③课程，指将普遍问题和学校课程改革相结合。

31～40分，教育局分管领导、心理辅导中心教师，"三个"辅导：①个案评估，团队共研；②个案追踪，校站联盟；③个案管理，创新建档。

41～50分，教育局局长、县医院，四阶疗愈：①联动，即调动资源，多方会谈；②外联，即找心理专家，寻求专业力量的支持；③关注，即关注重点高危学生辅导进展情况；④转介，即联系医院，将危机学生及时转入医院，获取更专业的辅导。

（2）五维辅导（见图7-28）

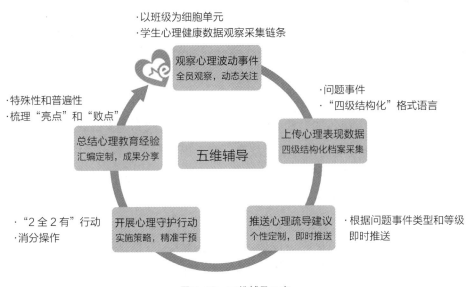

图7-28 五维辅导示意

一是观察心理波动事件。学校建立以班级为细胞单元的心理健康观察网格，形成"班主任及科任教师—学校心理健康辅导教师—学校分管领导—校长"的学生心理健康数据观察采集链条，由班主任汇总学生日常情绪监测信息。

二是上传心理表现数据。发现异常后，班主任通过手机或电脑"钉钉"将问题事件以"四级结构化"的格式语言上报"心路e通"平台。平台将一般学生问题划分为低、中、高三种风险状态，结合积分高低（0～50分），分级分类提醒不同介入主体采取合适的干预措施。

三是推送心理疏导建议。事件上报后，平台根据学生的问题事件类型和等级为班主任即时推送"心路e通"干预小手册中的相关建议。

四是开展心理守护行动。班主任学习干预小手册后开展"2全2有"行动。①全面了解，向同伴、科任老师、监护人等了解学生近期表现，开展有准备的教育；②全体赋能，以个别问题发散到普遍问题为导向，开展心理主题班会。学生情况如有好转，班主任通过"钉钉"进行消分操作，如还有相似事件发生，调整干预措施。

五是总结心理教育经验。班主任根据事件的特殊性和普遍性，梳理辅导过程中的"亮点"，将"亮点"上传到平台。如被平台选中，将成为"心路e通"记录小宝典。梳理辅导过程中的"败点"，召开复盘会，反思不足，总结经验，在"败点"中寻求"突破点"。

3.全维支持

心理健康，重在预防。浦江县紧紧围绕"立德树人"根本任务，协同家庭、学校和社会的心理资源，完善阶梯式预防、预警和干预的"三预"危机干预模式。

（1）家：家长学校心育课程

每个学校以"心路e通"数据和案例为依据，定期开展家庭教育指导工作，为家长提供定制化和个性化的家庭教育方案，提升家长的教育效能，优化家校协同育人体系（见图7-29）。

（2）校：示范校建设行动

浦江县出台心理健康教育示范校评价体系，设立"心路e通"项目学校，根据心理健康教育数字化改革成效，每年评选2～3所示范校。示范校制定"心路e通"推进方案和实施计划，定期总结"心路e通"使用经验，汇总案例和资源，交流分享学校特色工作，发挥辐射引领作用，在教育集团化的基础上形成研究和实践共同体。

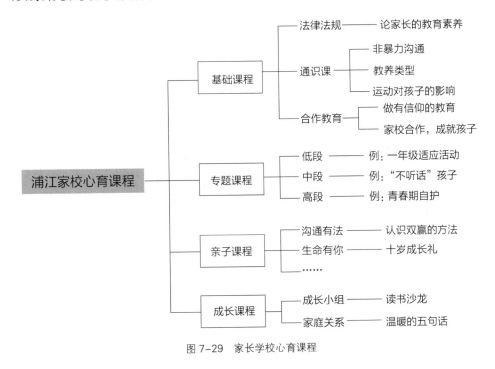

图 7-29　家长学校心育课程

（3）社："家—校—社"协同育人

浦江县建立以县教育局为牵头单位的全县心理健康教育协同机制，全面整合全县相关单位力量；发挥以学校为主导的"家—校—社"协同制度，整合社会资源服务心理健康教育，面向未成年人开展定向辅导、系统课程、主题沙龙等活动。

三、特色与成效

截至 2023 年 3 月，"心路 e 通"共入驻持心理健康 C 证及以上心理健康辅导教师 1470 人次，系统注册班主任 1446 人，在线专职心理教师 106 人，记录数据 1650 余条，持续监测和积极干预全县 8 万余名学生，有效地推动了全县教育高质量发展。

（一）形成数字赋能的校园心育系统

对低状态、中状态学生密切观察、适当介入，对高状态学生积极进行心理干预。截至 2023 年 3 月，针对"心路 e 通"的数据和建议，学校开展谈心谈话

4000 余人次，个性化心理辅导 76 人次，开设学生心理健康讲座 214 场，智慧家庭培训 200 余场，收集心育案例 1562 个，制作家长心育小微课 50 余个，点击量达到 1.2 万余人次，有效提升了学生的心理素养。一位担任了 23 年班主任的老师，在"心路 e 通"分享会中说道："每一个说谎孩子的背后都有让人心疼的世界，他们的计划在成人看来错漏百出，却是他们花了很多时间、精力，反复思考、反复模拟，才想出来的。我们应该思考孩子是带着什么样的心情筹划这一切的，以及说谎时孩子的内在感受是什么。老师不是警察和法官，而是孩子心灵健康的建设者和守护者。"

（二）区域心育品牌渐成雏形

浦江县通过突出数据支撑、数据整合、数据应用，采取日常观察、线上记录、防治结合的方式，逐渐打造出"心路 e 通"未成年人心理健康数字化管理模式。"基于'心路 e 通'的'133'暖育管理体系"省级课题立项；多篇论文在《中小学心理健康教育》等杂志上发表；举行县级现场经验分享 6 场。2023 年 3 月，在浙江省首届中小学心理健康服务数字化改革高峰论坛上发言。2023 年 4 月，在中国心理学会教育心理专业委员会 2023 年工作会议上交流。

本案例由浦江县教育技术中心提供，执笔人：张世营　傅海鹰

第五节 云上农场：将劳动课程开进课间 10 分钟

>> 内容导图

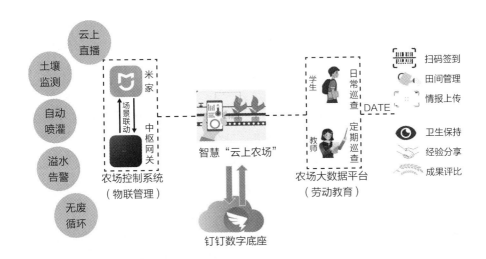

一、背景与问题

龙游县下库小学是一所距离城区 7 千米的乡村小规模学校，现有教师 21 人，学生 139 人。为破除小规模学校师资力量薄弱，缺乏场地、经费等一系列问题，学校于 2014 年 9 月开始启动智慧校园建设，采用自主研发和校企合作相结合的实施模式，探索并实现了以低成本实现智慧校园建设的"草根"模式。秉承"极俭、极简"的信息化建设及应用理念，学校从实际需求出发，先后打造出了晨检平台、简易电子班牌、智能访客系统、校园电视台、"钉钉"智慧办公平台、智慧图书馆、5G+VR 活动课程、"运动魔盒"等一系列信息化建设品牌，学校教育信息化工作逐步成为区域典型。

2022 年，为全面落实习近平总书记关于劳动教育的重要指示批示精神，学校因地制宜开展劳动实践，校内劳动实践基地建设被提上了日程。为了破解小规模学校劳动基地场地不足的难题，学校依托各楼层隐形防护网进行大胆尝试，打造智慧"云上农场"，将学校劳动实践基地从操场边缘的二维场地搬到了教学楼的三维空间，有效破解了空间难题。同时，学校自主打造数字化劳动评价体系，引入物联网智能化管理，将劳动实践课程开进了课间 10 分钟，开辟了学校劳动实践基地建设和应用的新模式。

二、思路与做法

（一）总体思路

作为一所乡村小规模学校，学校占地面积只有6429平方米，除去必要的教学区和运动场地，可用于劳动实践基地建设的区域十分狭小。能否在离学生最近的教学区建设一块劳动实践基地呢？2022年暑假，学校进行了安全改造，在教学楼走廊护栏上加装了隐形防护网，这为学校建设"云上农场"提供了重要的安全保障。

"云上农场"建设在走廊护栏上，背后是透光且安全的隐形防护网，面前即为学生课间活动区域（走廊教学楼），整个区域的"温、光、水、肥、视频监控"均可依托物联网进行"云上"管理。学生劳动小组利用课间、大课间或"5+2"时间进行农场的日常管理及巡查，及时上报农场情况；教师可定期进行"农场考评"上报，通过小组的卫生保持、经验分享、作物长势，考评学生劳动习惯、劳动技能、劳动精神；学校通过后台巡查数据，了解劳动教师、学生劳动小组参与农场管理活动的情况，定期邀请农技专家、举行农场评比活动，助力学校劳动教育的扎实推进。

（二）建设实践

1.智慧物联，引领校园新基建

"云上农场"采用最新的校园基础建设理念，将智能化管理纳入建设目标，在劳动实践过程中渗透学生信息素养的培养，帮助学生全面健康发展。"云上农场"经过几代的改进已经趋于成熟（见图7-30）。

（1）云直播

为弥补劳动兼职教师、学生种植管理经验不足的问题，发挥农村学生家长种植经验丰富的优势，学校依托监控"萤石云"和微信视频号实现了"云上农场"的慢直播。通过远程控制软件，学校信息中心可定时开启学校农场的在线巡直播，家长可在家查看自己孩子种植区块的苗情，并做出有针对性的农事管理指导。

（2）云联动

浇水、施肥、除虫、除草，每一株作物都凝聚了学生的汗水和殷切期盼。为保护学生的劳动成果和参与劳动的热情，填补假期管理空白，学校将土壤湿度传感器、龙头电磁阀、水泵继电器通过中枢网关进行智能联动，实现了"云上农场"的假期自动浇灌。结合水浸传感器，当种植槽内有水溢出时网关就会联动电磁阀断电，有效避免了浇水过程中的水资源浪费问题。

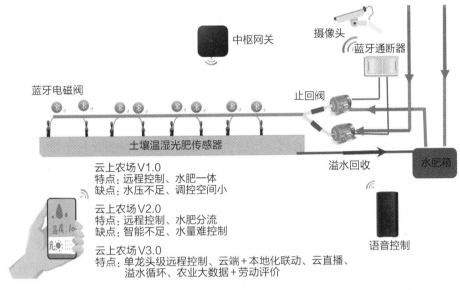

图 7-30　"云上农场"的试验改进历程

（3）云监测

学校作为未来科技人才培养的摇篮，需帮助学生更好地了解科技领域的前沿趋势和发展方向。随着科技的进步，传感器被大量应用于生产生活中，相对于人的感官而言，它们不仅有着更高的精准度和可靠性，还能够实现精准、实时、长时间、连续监测。"云上农场"将集光照、温度、湿度、肥力监测于一体的无线传感器分配到每个小组的种植区块中，学生可通过肉眼观察并结合传感器数据感知农场环境，在劳动实践过程中培养获取、管理、评估、分析和使用数据的能力，以及识别和解决与数据相关的问题的能力。

（4）水肥循环

农场建设于教学区，学生参与农场管理非常方便，但使用率的提高也带来了负面效应——高频次浇水导致土壤肥力迅速下降。为此，学校将种植槽排水管道进行串联，将日常浇水过程中产生的土壤渗出液统一引入水肥箱中，实现水肥循环利用，在保护土壤肥力的同时，渗透了水资源和土地资源保护的理念。

2.智慧评价，焕发劳动新活力

相较于学科评价大量应用结果性评价，劳动评价对过程性评价有着更深层次的需求——其对学生劳动态度和劳动精神的养成是不可替代的。这也正是劳动评价的难点所在。"云上农场"使用之初，由于缺乏有效的过程性记录手段，学生只能以纸质登记的形式记录巡查情况，学校难以获知各班、各组参与农场管理的具体数据。为了农场的常态化使用和全校性实践，学校引入数字化手段，进行劳动过程性评价试验。为此，学校基于"钉钉"数字底座，自主开发了农场大数据平台，其中包括学生日常巡查、教师定期巡查和农场大数据看板三大部分。

（1）学生日常巡查

农场巡查有助于每天监测农作物生长状况，及时发现和解决问题，维护良好的作物生长环境。为了帮助学生养成良好的劳动习惯，提高观察能力，培养团队合作精神、增强责任感，学校开发了学生巡查系统。学生小组需要每天完成农场巡查任务，通过扫描种植槽上的农场码，上报农场情况。如遇到无法解决的问题，可触发异常情况上报，将农场遇到的困难信息推送给劳动教师，请求老师协助解决。日常巡查生成的劳动积分，不仅能用于农场大数据平台的每月"勤农"小组评定，还能与学校评价体系数据互通，作为期末评优评先的依据（见图7-31）。

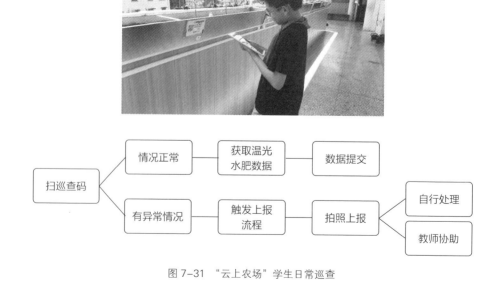

图 7-31 "云上农场"学生日常巡查

（2）教师定期巡查

教师参与学生农场小组的定期考评，可以提升学生农场活动的质量和水平，激励他们在劳动实践活动中更加认真投入和努力学习（见图7-32）。学校参考《浙江省中小学劳动教育评价规范（试行）》，从劳动能力、劳动习惯、劳动精神培养等方面制定了教师巡查机制，以卫生保持、协作分享、五谷丰登三个评价维度，引导学生保持农场及工具柜卫生整洁、乐于分享劳动经验、保持高度的责任感和小组荣誉感，帮助孩子在收获劳动成果的同时，收获自身的成长。

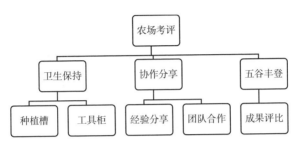

图 7-32　"云上农场"教师定期巡查

（3）农场大数据看板

学生日常巡查数据和教师定期巡查数据都会上传到农场数据中心，数据中心通过自动分析，计算出各农场干湿度情况、各小组巡查情况、小勤农积分排行等一系列数据（见图7-33）。这不仅能帮助学校从劳动氛围、劳动态度、劳动习惯等多个维度对班级和学生个体进行评价，还能通过各班电子班牌、学校各楼层大屏将各项数据显示出来，激励班级和学生更好地完成日常劳动任务。

图 7-33　"云上农场"大数据看板

为了营造学校劳动氛围，同时也为了农场的种植活动能更为合理、可持续地推进，学校坚持"劳动态度养成＋劳动技能评定"的并行激励措施：每月评选一批"勤农之星"以促进学生劳动习惯养成，每季度举行一次劳动成果评定以促进学生主动研究种植技能。学生们在每天坚持劳动的过程中习得了劳动技能，树立了正确的劳动态度，培养了勤劳、自律、认真负责的劳动精神。"云上农场"更是成了孩子们课间必去的劳动打卡点，它吸引着孩子们参与到劳动实践活动中去。

三、特色与成效

"云上农场"经历了设计制作、试验改进、扩建和数字化转型等一系列过程，在学生、学校、家庭之间形成良性互动，形成劳动教育中一道特别亮丽的风景。

（一）空间加法：一抹绿色开辟新天地

"云上农场"改变了学校的空间布局，让劳动实际基地的高效利用成为可能。每个课间都能够看到种植槽前人头攒动的场景，看传感器示数、浇水、驱虫，孩子们谈起自己的农场都洋溢着笑容。从每日巡查数不到 50，到现在每天几乎全员参与，"云上农场"打开了学校农场建设和应用的新方式，激发了学生全过程参与农业种植活动的热情，将劳动实践课程开进了课间 10 分钟。

（二）数据减法：数字评价解放生产力

"云上农场"采用了最新的数字化农业理念，将传感器、摄像头和喷灌系统进行了有效联动，同时引入巡查体系以体现劳动生产过程中人的价值。"云上农场"巡查系统以电子巡查取代烦琐的纸质资料记录，使得过程性数据可追溯水平大幅提高，有效解决了过程性评价的数据难题，使劳动评价更有据可依，便于学校组织各项劳动评比活动，打通劳动教育落地新途径。

（三）辐射乘法："草根"精神提升影响力

作为一所乡村小规模学校，龙游县下库小学有着规模小、资金少、场地不足等"草根"属性，但通过转变应用思维、充分发掘自身优势，学校以有限的资源先后打造出智能访客系统、"钉钉"智慧办公平台、"运动魔盒"等一系列信息化建设品牌。"云上农场"的建设成功，更是诠释了学校信息化团队"即使在最贫瘠的土地上，也要开出最美的花来"的"草根"精神。其应用效果成效显著，为小规模乡村学校的信息化建设探索出了一条新道路，先后得到教育部财务司、浙江省教育技术中心的领导的认可，并被衢州日报、教育之江、学习强国等多家媒体宣传报道（见图7-34～图7-36）。

图 7-34　教育部财务司领导来视察与指导

图 7-35　浙江省教育技术中心领导来视察与参观

图 7-36　媒体宣传报道

本案例由龙游县下库小学提供，执笔人：沈　毅

第六节　精准帮扶，助力教育共富裕

▶▶ 内容导图

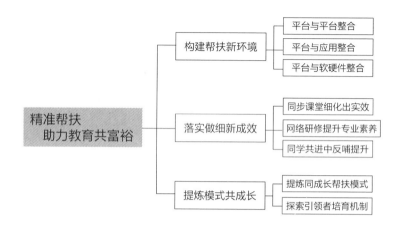

一、背景与问题

"新校园马上搬迁，接下来最重要的任务就是提升教师专业素养，提高办学水平，借助线上结对帮扶的东风，打开学校发展的新局面……"2020年5月，虎鹿镇中心小学吕兑新校长站在修葺一新的校舍前沉思。

共同富裕是社会主义的本质要求，是中国式现代化的重要特征。公平接受优质教育，促进人的全面发展是共同富裕的题中之义，也是东阳市教育的新命题、新思考和新实践。

东阳市地处浙江中部，因城镇化发展，小规模学校量多面广。2020年，学生数少于100人的学校（含教学点）有9所，学生数少于300人的学校数有31所，其中，教师数在10人左右的学校，不在少数。为更好地促进均衡，实现教育共同富裕，东阳市已启动新一轮的布局调整，力度是近十年之最，近年来累计撤并小规模学校12所。东阳市教育最为突出的问题就是教育资源配置不够均衡，教师专业素养的差距是其中最难解决的。

二、思路与做法

东阳市明确"以信息化破解教育发展难题"的战略思路，坚持"以教育信息化支撑和引领教育现代化"的发展理念，积极利用教育信息化转移支付项目，开展线上精准帮扶，赋能教育优质均衡发展，以教化人，厚植共同富裕人力资本。

（一）多方整合，构建帮扶新环境

随着学校基础设施的日益改善，硬件的短板正逐年消失，但办学、师资等软件短板愈发凸显，为此东阳市借助互联网，开启了线上帮扶之路，携手强校弱校、城区山区、东阳磐安等，凝聚多方力量，立足长远规划结对新蓝图，构建帮扶新环境。

近年来，东阳市大力投入，高标准完成同步课堂教学环境建设，不断优化结对帮扶学校的网络和技术环境。实现平台与平台的整合，即通过同构互联、实体映射，成功与国家级和省级平台无缝对接；实现平台与应用系统的整合，根据东阳市实际，确定接入平台的各应用系统，并以网络学习空间为中心入口，单点登录、跨系统应用；实现平台与软硬件设备的整合，将录播教室、移动学习终端、智能摄像头等统一接入。以上三项整合，更加有效地为结对学校和教师开展线上授课、观课、磨课、教研等提供新环境。

（二）细化落实，提高同步课堂实效

"什么样的主题适合同步课堂？怎样从结对双方孩子的学情出发选择主题？什么样的提问方式在同步课堂的环境下会更有效？什么样的素材呈现更能引起孩子们的兴趣？怎么解决支援孩子课堂作业的呈现？……"老师们在座谈上热烈讨论着。同步课堂是结对帮扶工作的重点内容，更是提升教师专业素养的有效载体，老师们从课堂中最基础的问题入手，不断思考、不断创新。

同步课堂具有"五同步"的特点，即"同步课表、同步备课、同步上课、同步作业、同步辅导"，但在具体的实施过程中，不断有新问题出现。借助于群体的教育智慧，不少教师在实践中逐渐形成了融合网络教研与同步课堂的"八步法"——确定主题、选定内容、共同备课、网上交流、修改试讲、正式上课、网上点评、活动小结，进一步细化了实施流程。目前，"八步法"已经在东阳市全面推广，再次提高了同步课堂的实效。

"根据需要暂停或开启直播信号，有效解决同步课堂回音的问题，这种开关式的同步课堂，操作容易、效果很好，非常有推广价值。"同步课堂集体朗读或回答时的回音问题曾经难倒众人，这是横店镇小的老师们在实践中找到的良方。

老师们的深度思考和实践有效提升了同步课堂的教学质量，直接受益于课堂的孩子们更是得到了前所未有的启迪。"风儿问秋叶：你为什么要离开大树呢？因为我要给大树妈妈加新被子。"如此美妙的想法，是白溪小学蔡靖宇同学在"秋天的信"这节同步课堂中里写出的动人诗句。

（三）网络研修，专项提升教师素养

第二实验小学陈刚亮老师的"国学吟诵"是该校推出的系列同步课堂之一，其精品课程在"之江汇"平台已有3.5万人关注。因结对帮扶的机缘，佐村中小学李媛老师加入该校网络研修"邻+"线上工作室，在与陈刚亮老师的同步教研、同步备课、同步授课等沉浸式教学陪伴中不断学习提升专业素养。东阳市在前期实践的基础上，对网络研修提出"沉浸式教学陪伴"新要求，从搭建同步课堂教研共同体，共备、共磨、共研一堂，再到增加课堂助教这一新角色，有意识地帮助乡村学校的教师向同行学习。借助"互联网+"，已有更多像李媛老师这样的教师在结对帮扶中快速成长。

（四）同学共进，在实践中反哺提升

结对帮扶活动不仅要帮助促进乡村学校和教师发展，也让支援学校的教师进一步提升，实现城乡携手共同发展的目标。

同步课堂主讲教师的教学能力、教研能力也都得到了提高。例如，吴宁一校的申屠佳乐、厉晓琳等老师，从刚接到任务的担忧忐忑，再到得心应手，逐渐褪去青涩，不仅所授的同步课堂为学生所称赞，他们引导老师们备课、磨课的教研能力也得到明显进步。实验小学的胡丽梅老师在帮扶中学会了更全面思考，设计更切合孩子们认知起点的互助式教学……这对主讲教师而言，也是快速成长的机会。

在结对帮扶活动中，受援学校的优势有助于提高教师校本课程研发水平。如，江北小学教育集团在结对中受到堤莲湖小学场地优势和种植劳动课的启发，与对方学校共同开展了二次校本课程研发，将单一的水培研究拓展为基于"水培与土培"对比研究的STEAM水润课程。课程的广度和深度得到有效提升，孩子们也从单一的线上结伴转为线上线下共结伴共成长。

三、特色与成效

东阳市结对规划蓝图不仅包括城乡结对，也包括县域、跨省市结对，根据不同的结对特点，深入分析结对学校和教师的差异与需求，积极探索共同成长的结对运作体系，逐渐形成一批推进特色和经验。

（一）提炼模式，同发展共成长

一所城区的现代化学校，一所偏远的山区学校，两个差异巨大的学校，在教师流动和结对帮扶中共同聚焦城乡孩子同成长，设立同步研修"'邻+'线上工作室"，形成特色鲜明的"同心圆"帮扶模式，用一个圆带动另一个圆，用一个圆启发另一个圆，努力使两个同心圆在帮扶中实现再生长。这就是第二实验小学与佐村中小学开启的"同心圆"帮扶模式。

吴宁五校"共研共进"帮扶模式是指线上通过"2+N"开展帮扶，"2"指的是指定两个年级两门学科，使同步课堂的课程具有连贯性，"N"指的是其他科目、年级，进行伞状帮扶，增加课程辐射面；线下则通过实地走访，有计划、有针对性地开展学科教学、课题指导、班级管理等方面的研讨活动，帮助营造良好的研修氛围，促进教师专业素养提升。同时，吴宁五校还建立起全学科教研的结对帮扶机制。

基于城乡学校共同发展的理念，形成同发展共成长的帮扶模式，并已初见成效，还有外国语小学的"同心共行"、江北小学教育集团的"云本融合"、吴宁一中的"互联共享"、吴宁三中的"三源共建"等模式。

（二）探索机制，创新引领者培育

"今年我校与画溪三小开展结对帮扶。为了提升帮扶实效，有幸邀请到横店小学教育集团单睿亮老师，他既是省'之江汇教育广场'讲师团成员，也是我市首批信息化教与学讲师团成员……"画水镇中心小学教育技术处主任赵超晗在百场信息化教学能力提升培训开场时介绍道。教师信息技术应用能力和信息素养是推进线上帮扶的关键，学科骨干教师是结对帮扶的中坚力量，更是关键的引领者。东阳市借助教育信息化转移支付项目启动"百场信息化教学能力提升培训"，制定了信息化教与学优秀讲师和优秀种子教师的培育机制，选拔培养优秀讲师和种子教师，开展结对全过程的示范、引领和指导，确保帮扶工作可持续。

在共同富裕的进程中，人们对教育有了更多期许。东阳市将继续秉持以教化人的初衷，将教育发展优势贯穿共同富裕建设的全过程，厚植人力资本，夯实机制保障，多措并举，扎实推动共同富裕目标的实现。

本案例由东阳市教育局提供，执笔人：陈 琳 厉先光